JN299638

冤罪
キャッツアイ事件
ヤクザであることが罪だったのか

山平重樹

筑摩書房

目次

プロローグ

——二三年ぶりのシャバであった。

平成二二年一二月一七日午前八時三五分、東京・府中刑務所を一人の男が出所した。

おシャレな銀鼠色の作務衣《さむえ》に身を包んだ男は、背筋をピンと伸ばし、唇を真一文字に結んで、顔をまっすぐ前に向けたまま、しっかりとした足どりで正門を出た。男の顔立ちは凛々《りり》しくも精悍《せいかん》、眼に強い炯《ひか》りがあり、さながら武者絵から抜け出たようで、五七歳という年齢には見えないほど若々しかった。

冬の朝は、晴れてはいても日差しが弱く肌寒かったが、男にとって外の空気は格別のものがあった。

その男——二代目東組二代目清勇会会長川口和秀の出所を、三人の出迎え人がいまや遅しと門前で待ち構えていた。

二代目東組若頭田村順一、同本部長赤松國廣、同二代目清勇会会長代行呉本幸造の三人だった。彼らは一日千秋の思いで川口和秀の帰りを待ち続けてきた東組一門一統を代表して、出迎えは三人までという当局側の規則に従って門前で待っていたのだ。

三人は満面に笑みを湛《たた》え、ステップするような足どりで、川口のもとへ歩み寄っていく。

「御苦労様です」

万感こもごも到り、互いに見交わす眼と眼。言葉は何もいらなかった。

川口は持っていた鞄を、何も言わず代行の呉本幸造へ差し出した。呉本が黙ってそれを受けとる。ずっしりと重い鞄。

呉本はその瞬間、すべてが報われる気がした。川口から真っ先に渡された荷物。その所作に、どれだけ深い川口の思いがこめられていたことか。その思いをこそ、呉本はしっかりと受けとめたのだ。

たちまち二二年の試練ともいうべき悪戦苦闘の日々がきれいさっぱり吹き飛んでしまうようだった。呉本の心が軽くなり、胸奥から熱いものがこみあげてくる。

川口は淡々とした様子で呉本を見遣った。それにしても、今日び、ヤクザ社会において、トップが二二年も獄中にあって社会不在という状況になったとき、残った者たちで留守を守り、組織を維持、存続させることの苦難はいかほどのものだろうか。まして弱肉強食の世界、少しでも隙を見せれば、ここぞとばかりによその大組織から切り崩しを受け、バラバラにされ雲散霧消の運命を辿るのは目に見えている。

現にそうした例は枚挙に遑《いとま》がなく、川口の社会不在の間だけでもどれほど多くの独立組織が消えたことか。

それをこの呉本という男は、先頭に立って清勇会の事務所の灯りを守り続けてきたのだ。いや、それどころか、所帯を大きゅうしてワシを待ってくれとる言うんやから、並大抵のことやない。そこから出発できるワシは男冥利《みょうり》に尽きるやろ。これは奇跡や——と、川口はしみじみ思うのだった。

とはいえ、当人たちにそんなことはつゆ口にしたことはなく、呉本が面会に来ても、川口は、

「おのれは何もしてへんやないか！」

と、憎まれ口しか叩いたことがなかった。

そんなもろもろの思いをこめて、川口は出所していの一番に、呉本に荷物を預けたのだった。

「何や、カメラをまわしとるけど、デカか?」

大勢の刑事たちが正門前の彼らを遠巻きに監視し、写真を撮っている様子に気づいた川口が、思わぬ出所第一声を放った。

それは確かに仰々しい光景であった。ヤクザならぬ警察の放免出迎えとあっては、一同、苦笑せざるを得なかった。とんだ歓迎ぶりである。

二二年ぶりの出所とはいっても、川口には特別の感慨や興奮、緊張もなかった。出所を明日に控えた前夜とて、よく人が言うように、気持ちが高ぶって眠れないということもなかった。普段通り、充分な睡眠もとれた。

警察の異例のお出迎えにも苛《いら》だちはなく、気にも留めなかった。

ただ、出所に際して川口が唯一こだわったのは、親分である初代清勇会会長東勇の着物を着て出たいということだった。もとより初代が袖を通したお古でも、まだ着ていないものでも何でもよかった。

川口はそのことを、徳島で隠居中の東勇にねだった。

すると、初代は二つ返事で引き受け、

「それやったら、ワシが作ってやろう」

と、川口のために最高級の作務衣を仕立ててくれたのだった。

東勇から川口に差し入れられた仕立て下ろしの作務衣は、上質の絹の紬の上衣といい、下衣の野袴といい、足袋といい、これ以上はないような贅を尽くしたものであった。そこには東勇の心がこめられていた。

府中刑務所の担当がそれを珍しがり、川口の出所の朝、その着付けまで見に来て、

「府中を作務衣姿で出所したのは、オレの知る限り、野村秋介と川口ぐらいのもんだな」
と感心したように言ったものだ。

川口が出所にあたって、親分・東勇からの和服以外に何らこだわりもなく、さしたる感慨も持たなかったのも、出所が闘いの終結を意味しているわけではなかったからだ。

二七年前、新右翼活動家の野村秋介が、同じ府中刑務所を出所する際、
「これからは巨大な不条理との闘いだ！」
と宣言して死ぬまで闘い続けたように、川口の不条理との闘争もまた、むしろこれからであった。

何ら身に覚えのない、でっちあげられた殺人・殺人未遂罪によって神戸地方裁判所尼崎支部から懲役一五年の実刑判決を下され、控訴審でも最高裁でも有罪は覆らなかった。川口は獄中にある身で都合一三年に及ぶ法廷闘争（この間、別件の銃刀法違反等で二年数カ月を受刑被告として過ごす）を闘った後に、最高裁で結審となり、九年の刑期を残し下獄、未決勾留も含め計二二年間もの獄中暮らしを余儀なくされたのだ。

その冤罪の汚名を雪《そそ》がない限り、納得できるわけがなく、出所の喜びや解放感など湧くはずもなかった。

何か感慨めいたものが出てくるとしたら、再審の扉が開かれ、無罪を勝ちとったときだけであろう。現に、川口の再審請求に対し、出所直前、大阪高裁は即時抗告を棄却しているのだ。川口は即座に最高裁に特別抗告を行ったのだが、再審の扉は依然として固く鎖《とざ》されたままであった。

……正門を背に、出迎えの身内三人とともに歩きだした川口は、間もなくして懐かしい二人の顔を見つけた。二人は正門から少し離れたところで、川口の出所を待っていてくれたのだ。

三代目俠道会会長の池澤望と画家の山本集《あつむ》であった。

二人はニッコリと心よりうれしそうに川口を迎えてくれるのだった。

ようやく川口に、帰ってきたんや――との実感が湧きだしていた。


事の発端は、二五年前の昭和六〇年九月二三日夜、兵庫県尼崎市のパブ・スナック「ラウンジ・キャッツアイ」に轟いた三発の銃声であった。

銃弾を撃ちこんだのは奥乃《おくの》勘一という東組二代目清勇会組員で、幹部の振柿《ふるかき》明の指示によるものだった。抗争相手の山口組系倉本組組員が同店で働いていたことから、その者を狙撃し重傷を負わせたのだ。その流れ弾が一九歳のホステスに命中し、死亡するという痛ましい結果となった。

世にいう「キャッツアイ事件」である。

事件から一年後に実行犯として奥乃が逮捕され、その約一カ月後に犯行を指示したとして幹部の振柿明が逮捕された。

さらにその二年後の平成元年一月、道交法違反、私文書偽造の容疑で二代目清勇会会長の川口が逮捕される。その後に殺人・殺人未遂の共謀共同正犯で再逮捕というシナリオが最初からできていた別件逮捕なのは明らかだった。

むろん川口は容疑を否認し、一貫して無実を訴え続けた。

この事件は、凶器の拳銃を含め一切の物証はなく、奥乃と振柿の供述調書のみで、それも虚偽の自白によって作られたものであった。

奥乃は供述調書で、

「犯行の二日前に、堺市のファミリーレストランで川口会長から直接殺害を指示された」

と述べているのだが、川口は当時入院中で、病院側に記録も残っており、それはアリバイにも等しかった。

振柿も連日、長時間にわたる執拗な取調べを受け、川口の関与を認める虚偽の供述をしてしまう。

が、川口の裁判に証人出廷し、供述を翻《ひるがえ》し、

「調書の内容は虚偽だった」

と証言した。

奥乃も川口の上告中、最高裁に宛てて、

「私は長年の恨み憎しみを晴らしてやるという気持ちから、ありもしないことを作りあげて、川口を共犯者に仕立てあげたのです」

との手紙を出している。

しかし、裁判所はこれらをすべて無視した。

平成一三年一二月、最高裁第二小法廷（梶谷玄裁判長）は、被告側の上告棄却を決定。これを受けて、懲役一五年を言い渡した一、二審判決が確定した。

明けて一四年三月、川口は宮城刑務所に収容され（四年後に府中刑務所へ押送）、出所するこの年暮れまで二二年にわたる獄中生活を余儀なくされたのだった。

獄中から再審請求をした川口は、陳述書で、

「本件の上告棄却により私は冤罪の獄に繋がれている。然し私の精神は自由である。最高裁が棄却し圧殺したのは司法の正義と独立であり、法曹の良心ではなかったか」

と述べた。

当初、川口は、事件には何ら関与していないにせよ、元子分（事件後、奥乃は別件で川口から絶縁されていた）が女の子を死なせてしまったのだから、黙って懲役に行こうと肚《はら》を括《くく》っていた。

ところが、その後、元捜査官を始め、複数の関係者から、

「最初から川口の逮捕を狙った明らかなでっちあげ」

という情報を得て、捜査の裏が見え、陥れられたという真相を知ることになる。

川口はそのとき初めて、

「これはどうあっても納得できない。こんな不条理に対してはとことん闘うしかない」

と決意するに至ったのだった。

第一章　キャッツアイ事件

発端

川口和秀の運命を大きく変えたのは、昭和六〇年九月二三日夜、兵庫県尼崎市のパブ・スナック「ラウンジ・キャッツアイ」で勃発した一件の拳銃発砲事件であった。

翌二四日付の大手紙夕刊が、こう報じている――。

《二三日午後七時三五分ごろ、兵庫県尼崎市東園田町五、高木ビル二階のパブ・スナック「ラウンジ・キャッツアイ」に、「マネージャーいるか」と言って訪ねてきた三〇歳ぐらいの男が、店の奥から出てきたマネージャーの同市南塚町、桝元昇さん（31）に向けてけん銃三発を発射、うち一発が桝元さんの左肩に命中、もう一発は近くにいたアルバイト従業員のHさん（19）の左腰を貫通した。Hさんは二四日午前八時三〇分死亡、桝元さんは重傷。男はそのまま逃げた。（中略）

捜査本部の調べでは桝元さんは山口組系暴力団の組員だったが、競馬法違反で摘発され、五六年四月、組を破門になっていた。撃った男について「二、三度見たことがある」と話しており、犯人は桝元さんを名指しで呼び出していることなどから捜査本部は桝元さんをめぐる個人的なトラブルで、Hさんは巻き添えに遭ったとみている。

しかし、捜査本部は暴力団組員による抗争も捨てきれないとしている。犯人は身長一七〇センチ、白っぽいジャケットに黒ズボン姿》

「キャッツアイ」で拳銃を撃った男は、東組二代目清勇会組員の奥乃勘一で、桝元を抗争相手の四代目山口組倉本組組員として狙い襲撃したのであった。

東組が四代目山口組倉本組と抗争状態に突入したのは、これより一三日前、九月一〇日のことだった。同日深夜、奈良県吉野郡大淀町の繁華街にある「スナック喜楽」で起きた刺殺事件に端を発していた。

きっかけは同店の客同士のトラブルであった。客の一人がカラオケを歌い始めたところ、六人連れで来店していた客が、

「止めろ！　ヘタクソ！」

と野次り、絡みだした。

双方ともに酒がだいぶ入っていたこともあって、

「何を！　おのれらは何や?!　ボケ！」

「止めろ言うとるんや。表へ出んかい！」

といったお決まりの応酬となって、両者ともに突っ張りあって店外へ出た。

が、一対六では最初から勝負の帰趨は明らかだった。

そこへ仲裁に入ったのが、たまたま店に居あわせた常連客であった。男が、

「ワシは東組の柳原言うもんですが」

と名のると、六人連れの男たちは、

「東組がなんじゃ！　ワシらは倉本組のもんや」

と敵意を剝きだしにして、今度は柳原に襲いかかった。

東組本家幹部の三九歳の柳原幸司に対して、六人組はいずれも二十代か二〇歳前後の血気盛んな連

中、大人の分別もなく、容赦もなかった。柳原を袋叩きにしたうえに、最年長の二七歳の組員が、刃物を取り出し、柳原の腹部を数回突き刺した。

柳原は死去し、六人の倉本組組員は逮捕されるに至ったが、この事件によって、東組vs四代目山口組倉本組抗争の火蓋は切って落とされたのだった。

その抗争の過程で、東組二代目清勇会副会長振柿明の指示を受けた二代目清勇会組員奥乃勘一が「キャッツアイ」を襲撃、倉本組組員を狙って重傷を負わせたが、近くにいた女の子を巻き添えで死亡させるという最悪の事態を招いてしまったのだ。

和解か報復か

翌日、川口和秀は、入院先の大阪市平野区の共立病院三階三〇一号室で、振柿明から事件の報告を受けた。話を聞くなり、

「何?! それはほんまか?!」

と思わず口を突いて出るほど、川口は呆気にとられた。

奥乃が倉本組組員を銃撃したことにも驚かされたが、それ以上に、カタギの女の子を巻き添えで死なせてしまったという事実に、衝撃を受けた。それは何があろうとも起きてはならないことだった。

〈なんちゅうことを……〉

取り返しのつかないことを仕出かした奥乃に対して、激しい怒りが湧いてきた。

なおかつ今度の抗争にしても、関係者の奔走や仲裁人になってくれた三代目会津小鉄会理事長高山登久太郎の尽力があって、ようやく手打ちがまとまり、その日時まで決まりかけていたのだ。

それなのに、今回のような事件が起きたのでは、手打ちの話もよもや御破算になりかねなかった。

仲裁人に対しても面目が立たなかった。

この振柿にも、最初の柳原の刺殺事件が起きたときから、川口は、先走ってヘタに動くな――とは伝えておいたはずだ。

〈それをよりによって、手打ちがなろうというこの時期に……カタギの娘さんまで死なせてしもて……〉

どうにも憤懣やるかたなかった。が、川口はそうした心中の怒りを極力抑え、表には出さなかった。

ここで振柿や奥乃を叱責するのは簡単であったが、ヤクザの論理からいけば、彼らのとった行動は女の子を巻き添えにしたことを除けば、決して批難されるべきことではなかった。組織に何が起きようと、我関せずとばかりに一切動こうとしない輩に比べれば、まず以って自主的に行動を起こす性根は、ヤクザとして必要なものだった。

しかし、川口にすれば、カタギの犠牲を出した彼らを、間違っても誉めることはできなかった。

「清勇会として奥乃の逃走資金を七〇万円に決めたんでっけど、会長、それでよろしいおまっか」

振柿の報告に、己の複雑な心境が作用したのだろうか、川口は、

「いや、半分でええやろ」

と即座に応えていた。

もともと川口が、奈良・大淀町で柳原幸司刺殺事件が起きた直後から、倉本組への報復ではなく、早期和解に向けた方策を模索しつつ動きだしたのは、それが親分・東勇の意向でもあったからだ。

事件があった九月一〇日早朝、柳原の死亡が確認された時点で、一人の男が、大阪・西成の東組本部事務所へ訪ねてきた。

なんと倉本組組長倉本広文その人で、自らの頭を丸めていたのは、系列下の若者たちが東組組員を

刺殺したことに対する謝罪の証しであったろう。

　その日午後、親分の初代清勇会会長東勇を大阪空港に出迎えた川口が、東組本部当番から伝え聞いたその一件を報告すると、初代は、

「ほう……」

と鷹揚に頷いただけだが、感慨深げな顔になった。東勇と倉本広文とは昵懇《じっこん》の間柄であった。

　そのまま川口は東勇に随行して、奈良の天理病院に入院中の東組若頭森下和美を見舞った。

　病院を訪れた東勇と森下の話は、おのずと今朝未明に起きた柳原と倉本組組員との喧嘩の一件となった。

「実は夕べ、倉本組の幹部たちがワシのとこへ訪ねてきて、ホテルで会うてましたんや」

　森下はその時点で柳原事件のことをまだ何も知らなかったという。

　はたして倉本組最高幹部たちの用件は、大淀町で発生したばかりの柳原事件のことだった。

　なんとか穏便に事態を収拾して欲しいと懇願する彼らに対して、最終的には森下も、それに応えるべく尽力する旨を約束したのだ。

「それに叔父貴、今朝、倉本組長はうちの本部に頭を丸めて謝罪に来とりまんのや」

「うん、それはワシも聞いた。ヤクザの仁義として立派なもんやないか」

「その倉本はんの誠意を、ワシらも重く受けとめなあきまへんやろ」

「………」

「ワシとしてはなんとか早期の手打ちに向けた打開策いうもんを考え、その方向で動こう思とります」

「わかった。ワシも若頭と同じ考えや」

筑摩書房　新刊案内

●2012. 12

●ご注文・お問合せ
筑摩書房サービスセンター
さいたま市北区櫛引町 2-604
☎048(651)0053　〒331-8507

この広告の表示価格はすべて定価(税込)です。

http://www.chikumashobo.co.jp/

呉智英

吉本隆明という「共同幻想」

吉本隆明って、そんなに偉いんですか？

戦後最大の思想家、吉本隆明。「学生反乱の時代」には多くの読者を獲得したが、その思想は「正しく」理解されていたのだろうか？　難解な吉本思想とその特異な読まれ方について明快に論じた描き下ろし評論。

84300-5　四六判　（12月7日刊）　１４７０円

団鬼六

落日の譜　雁金準一物語

団鬼六の絶筆。悲劇の棋士の波乱に満ちた生涯

団鬼六絶筆。次期本因坊を確実視されながら悲運一転、野に下った伝説の棋士・雁金準一が、一世一代の勝負、大正大争碁に挑むまで。待望の単行本化。

82374-8　四六判　（12月5日刊）　２５２０円

価格は定価(税込)です。6桁の数字はJANコードです。頭に978-4-480をつけてご利用下さい。

小説・新島八重——勇婦、最後の祈り

福本武久

日清・日露戦争の篤志看護婦として、茶道家として、戊辰戦争の語り部として格闘し続け、女性の自立の道を切り開き、時代をこじ開けようとした新島八重の半生。

80445-7　四六判（11月23日刊）　1680円

サバイバル・マインド——見失われた未来へ

下條信輔
タナカノリユキ

時代は今、漠然とした不安に覆われている。科学の叡智とクリエイティビティで、この不透明な壁をぶち破れ！認知心理学者とアーティストの魂が共振する白熱対論。

86421-5　四六判（11月23日刊）　1995円

冤罪・キャッツアイ事件——ヤクザであることが罪だったのか

山平重樹

ヤクザには法の平等も人権も適用されないのか。殺人で逮捕された実行犯の虚偽供述と権力によって、一人のヤクザが冤罪に陥れられていく過程をつぶさに描く。

81834-8　四六判（12月7日刊）　1890円

柄谷行人／関井光男　編集

坂口安吾全集　別巻

坂口安吾研究／同時代の回想・伝記や研究・批評、シナリオ・戯曲、資料・年譜の他、全集未収録作品を多数収録。安吾文学の全体像を浮き彫りにする一巻。全巻完結。

71048-2　A5変型判　（12月8日刊）　16800円

価格は定価(税込)です。6桁の数字はJANコードです。頭に978-4-480をつけてご利用下さい。

ベン・ホーガン パワー・ゴルフ
――完璧なスウィングの秘訣はここにある

ベン・ホーガン
前田俊一訳

史上屈指の名プレーヤー、ベン・ホーガンが、一般ゴルファーのために、正しいスウィングの基本と、スコアアップの秘訣を彼の絶頂期に解説した名著。

87859-5　A5判　（12月12日刊）　1785円

アンティークス タミゼ・スクラップブック

吉田昌太郎

時間を湛えた物たちは想像力の彼方に人を誘う。センスのよさで定評のある古道具屋の主人が物の魅力を存分に語る。古くて新しい美しさへの基準。

87860-1　A5判　（12月5日刊）　2100円

人生について星が教えてくれること
――for Working Girls

アストロロジー・ライターSaya

「今の私、これでいいの？」そんな悩める女子のための占星術。ホロスコープの見方などを紹介しつつ、星のリズムに合わせ、人生の流れにうまく乗るコツを教えます。

87861-8　四六判　（12月7日刊）　1575円

隼見果奈

うつぶし

養鶏場を切り盛りする父と娘。一人の男の闖入で穏やかな日々が少しずつ壊れていく……。第28回太宰治賞受賞の表題作と書き下ろし「海とも夜とも違う青」を収録。

80446-4　四六判　（12月12日刊）　1470円

価格は定価(税込)です。6桁の数字はJANコードです。頭に978-4-480をつけてご利用下さい。

筑摩選書

12月の新刊 ●14日発売

0056
哲学で何をするのか
専修大学教授 貫成人
▼文化と私の「現実」から
哲学は、現実をとらえるための最高の道具である。私たちが一見自明に思っている「文化」のあり方、「私」の存在を徹底して問い直す。新しいタイプの哲学入門。
01560-0 1785円

0057
デモのメディア論
愛知淑徳大学准教授 伊藤昌亮
▼社会運動社会のゆくえ
アラブの春、ウォール街占拠、反原発デモ……いま世界中で沸騰するデモの深層に何があるのか。ソーシャルメディア時代の新しい社会運動の意味と可能性に迫る。
01562-4 1680円

好評の既刊
＊印は11月の新刊

身体の時間――〈今〉を生きるための精神病理学
野間俊一 加速する時代の病理を超克し生命性を取り戻す
01547-1 1680円

敗戦と戦後のあいだで――遅れて帰りし者たち
五十嵐惠邦 戦後日本の条件をあぶり出す、もう一つの歴史
01549-5 1785円

フランス革命の志士たち――革命家とは何者か
安達正勝 真に世界を変えてくれる「本物」の革命家とは
01554-9 1680円

ノーベル経済学賞の40年(上・下)――20世紀経済思想史入門
トーマス・カリアー 経済学者たちの知られざる不都合な真実
01556-3/01557-0 各1890円

＊**世界正義論**
井上達夫 グローバルな正義の可能性を追求する法哲学の書
01558-7 1890円

＊**「加藤周一」という生き方**
鷲巣力 深い親交を結んだ著者が明かす、その「詩と真実」
01559-4 1785円

ちくまプリマー新書

12月の新刊 ●7日発売

190
虹の西洋美術史
京都大学教授 岡田温司
出現の不思議さや美しい姿から、古代より思想・科学・芸術・文学のテーマとなってきた虹。西洋美術でその虹がどのように捉えられ描かれてきたのかを読み解く。
68891-0 998円

価格は定価(税込)です。6桁の数字はJANコードです。頭に978-4-480をつけてご利用下さい。

12月の新刊　●12日発売

ちくま学芸文庫

新編 分裂病の現象学

木村敏

現象学的病理学から分裂病患者の特異的な症状に迫り、人間存在における自己意識や時間様態の構造を考察する。処女論文「離人症の現象学」収録。

09497-1
1680円

増補 倭寇と勘合貿易

田中健夫 著　村井章介 編

14世紀以降の東アジアの貿易の歴史を、各国の国内事情との関連で論じたグローバル・ヒストリーの先駆的名著。（村井章介）

09504-6
1365円

書国探検記

種村季弘

エンサイクロペディストによる痛快無比の書物・読書論。作家から思想家までの書物ワールドを自在に飛び回り、その迷宮の謎を解き明かす。（松田哲夫）

09507-7
1365円

ドイツ観念論とは何か

■カント、フィヒテ、ヘルダーリンを中心として

久保陽一

ドイツ観念論は「疾風怒濤」の時代を担った様々な思想家たちとの交流から生まれたものだった。その実情を探り、カント以後の形而上学の可能性を問う。

09493-3
1470円

Math & Science

新・自然科学としての言語学

■生成文法とは何か

福井直樹

気鋭の文法学者によるチョムスキーの生成文法解説書。文庫化にあたり旧著を大幅に増補改訂し、付録として黒田成幸の論考「数学と生成文法」を収録。

09496-4
1365円

飛行機物語

■航空技術の歴史

鈴木真二

なぜ金属製の重い機体が自由に空を飛べるのか？その工学と技術を、リリエンタール、ライト兄弟などのエピソードをまじえ歴史的にひもとく。

09498-8
1260円

価格は定価(税込)です。6桁の数字はJANコードです。頭に978-4-480をつけてご利用下さい。
内容紹介の末尾のカッコ内は解説者です。

12月の新刊 ●12日発売

ちくま文庫

ゴルフのメンタルトレーニング
デビッド・グラハム　白石豊 訳

偉大なプレーヤーが精神的に強い理由を明らかにし、一般ゴルファーのためにメンタル面の訓練法、練習法、日常の過ごし方などを提示する。

43024-3
945円

発声と身体のレッスン
●魅力的な「こえ」と「からだ」を作るために
鴻上尚史

あなた自身の「こえ」と「からだ」を自覚し、魅力的に向上させるための必要最低限のレッスンの数々。続ければ驚くべき変化が！（安田登）

43002-1
945円

嫌われずに人を説得する技術
伊東明

相手を説得すれば、それで問題は解決するわけではない。思いどおりに人を動かしながら長期的な人間関係にも配慮した「日本人向け」の説得スキル。

43018-2
714円

清川妙が少女小説を読む

「なりたい自分」を夢みて

清川妙

『赤毛のアン』『大草原の小さな家』などの名作には、生き方のヒントが詰まっている。経験豊富な著者が読み説く、新たな発見。（江國香織）

43009-0
840円

たましいの場所
早川義夫

「恋をしていいのだ。今を歌っていくのだ」。心を揺るがす本質的な言葉。文庫用に最終章を追加。帯文＝宮藤官九郎。オマージュエッセイ＝七尾旅人

43005-2
819円

国定忠治の時代
●読み書きと剣術
高橋敏

忠治が生きた幕末という大きな歴史の転換点を、民衆の読み書き能力や知的ネットワークといった社会史的視点から読み解いた意欲作。（青木美智男）

43014-4
1050円

ブラウン神父の無心
G・K・チェスタトン　南條竹則　坂本あおい 訳

ホームズと並び称される名探偵「ブラウン神父」シリーズを鮮烈な新訳で。「木の葉を隠すなら森のなか」などの警句と逆説に満ちた探偵譚。（高沢治）

43006-9
693円

価格は定価(税込)です。6桁の数字はJANコードです。頭に978-4-480をつけてご利用下さい。
内容紹介の末尾のカッコ内は解説者です。

世界幻想文学大全（全3巻）
東雅夫 編
幻想小説神髄
ノヴァーリス、リラダン、マッケン、ボルヘス……時代を超えたベスト・オブ・ベスト。松村みね子、堀口大學、窪田般彌等の名訳も読みどころ。
43013-7 1365円

レ・ミゼラブル 2巻（全5巻）
ユゴー 西永良成 訳
死者との約束を果たすべくジャン・ヴァルジャンは脱獄、幼いコゼットを救い出す。忍び寄る警察の冷酷な眼。逃げる二人をジャヴェールが追いつめる。
42972-8 1050円

好評の既刊
＊印は11月の新刊

9条どうでしょう 内田樹／小田嶋隆／平川克美／町山智浩 ユニークな憲法論 42994-0 714円

問題があります 佐野洋子 愛と笑いが詰まったエッセイ集。単行本未収録を追加 42983-4 735円

方丈記私記 堀田善衞 鴨長明から日本文化の深層を語る。毎日出版文化賞受賞 ★02263-5 735円

思考の整理学 外山滋比古 受け身でなく、自分で考え行動するには？ 話題沸騰 ★02047-0 546円

世界がわかる宗教社会学入門 橋爪大三郎 世界宗教のエッセンスがわかる充実の入門書 42227-7 819円

新 忘れられた日本人 佐野眞一 時代の波間に消えて行った忘れえぬ人々を描き出す 42959-9 819円

五感でわかる名画鑑賞術 西岡文彦 鮮烈な実感をともなった美術鑑賞のための手引書 42952-0 882円

三島由紀夫レター教室 三島由紀夫 5人の登場人物の様々な出来事を手紙形式で綴る ★02577-4 546円

スタバではグランデを買え！ 吉本佳生 身近な生活で接する価格を、やさしい経済学で読み解く ●価格と生活の経済学 42896-7 714円

わかったと思うな 中部銀次郎 「史上最強のアマチュア」が全てのゴルファーに助言 ●中部銀次郎ラストメッセージ 42984-1 777円

せどり男爵数奇譚 梶山季之 古書の世界に魅入られた人々を描く傑作ミステリー 03567-7 861円

映画は父を殺すためにある 島田裕巳 宗教学者が教える、ますます面白くなる映画の見方 ●通過儀礼という見方 42940-7 840円

快楽としての読書 日本篇 丸谷才一 小説からエッセー、詩歌、批評まで、丸谷書評の精髄 42934-6 1050円

快楽としての読書 海外篇 丸谷才一 古今の海外作品を熱烈に推薦する20世紀図書館第二弾 42938-4 1050円

名短篇、ここにあり 北村薫／宮部みゆき編 読み巧者二人の選びぬかれた12篇 42404-4 798円

＊やる気も成績も必ず上がる家庭勉強法 齋藤孝 家庭で親が子どもと一緒に学べる方法とは？ 43008-3 735円

価格は定価（税込）です。6桁の数字はJANコードです。頭に978-4-480をつけてご利用下さい。
★印の6桁の数字はISBNコードです。頭に4-480をつけてご利用下さい。

12月の新刊 ●7日発売

ちくま新書

987
前田敦子はキリストを超えた
▼〈宗教〉としてのAKB48
批評家
濱野智史
AKB48の魅力とはなにか？　前田敦子は、なぜあれほど「推された」のか？　劇場・握手会・総選挙……。その宗教的システムから、AKB48の真実を明かす！
06700-5
777円

988
キレる女　懲りない男
▼男と女の脳科学
感性アナリスト・随筆家
黒川伊保子
脳の回路特性を知れば、男と女はもっとわかり合える。職場では人材活用の参考書となり、恋愛指南本として使え、夫婦の老後の備えともなる究極の男女脳取扱説明書。
06697-8
777円

989
18分集中法
▼時間の「質」を高める
宮城教育大学教授
菅野仁
面倒な仕事から逃げてしまう。期限が近付いているのにやる気が起きない。そんなあなたに効く具体的でシンプルな方法を伝授します。いま変わらなきゃ、いつ変わる。
06694-7
756円

990
入門　朱子学と陽明学
京都大学教授
小倉紀蔵
儒教を哲学化した朱子学と、それを継承しつつ克服しようとした陽明学。東アジアの思想空間を今も規定するその世界観の真実に迫る、全く新しいタイプの入門概説書。
06695-4
840円

991
増税時代
▼われわれは、どう向き合うべきか
元政府税制調査会会長
石弘光
無策な政治により拡大した財政赤字を解消し、社会保障制度を破綻させないためにはどうしたらよいのか？　国民生活の質の面から公平性を軸に税財制を考える一冊。
06693-0
882円

価格は定価(税込)です。6桁の数字はJANコードです。頭に978-4-480をつけてご利用下さい。

二人の会話を傍で聞いていた川口が、この抗争に関して、親分の意に従うべく肚を決めたのは当然のことだった。

だが、東組はこの一件の対応を巡って三派に分かれた。若頭の森下和解案に同調する派、強固に報復を主張する派、もう一派が中立的な立場で静観する者たちであった。

強硬に報復を唱える一派の代表格が、滝本組組長滝本博司であった。刺殺された柳原は、滝本が隊長をつとめる東組本家親衛隊の副長職を担っていた男である。身内を手にかけられて黙ってそのままにしているわけにはいかなかった。

ましてどんな強大な相手であっても一歩も引いたことのない、「喧嘩の東組」と音に聞こえる武闘派こそ東組である。

滝本組は真っ先に報復を敢行した。柳原事件から八日後の九月一八日白昼、大阪府泉佐野市において、四代目山口組倉本組系山田組相談役が何者かに撃たれ負傷するという事件が起きたのだ。撃ったのは、滝本組組員全屋貴丸であった。

この事件を知って、

「滝本組に先を越された!」

と誰よりも焦りを覚え、歯噛みしたのが、二代目清勇会副会長の振柿明と奥乃勘一であった。

親分・川口和秀の思惑を知るよしもない振柿は、清勇会のナンバー2として、柳原事件の三日後には倉本組への報復を決断していた。その実行役に指名したのが、奥乃だった。

奥乃はさっそく二代目清勇会組員今井進とともに、報復の標的探しに動きだした。奈良を本拠とする倉本組系列事務所や組員宅を探しまわって、連日、車で下見をしている矢先に起きたのが、滝本組による倉本組への報復発砲事件であった。

これには奥乃も苛立ち、焦燥感を覚えた。とりわけその実行者が滝本組組員の全屋と知ったとき、口惜しさ以上に憎悪にも似た感情が噴き出てきた。

奥乃は全屋と因縁があったからだった。

奥乃にとって全屋こそ、誰よりも憎き敵であった。つい一カ月ほど前、スナックで殴りあいの喧嘩をした因縁の相手で、右腕を骨折したのもそのときの負傷だった。同じ東組一門とはいえ、以前からシノギでぶつかったり、ヘタな外敵以上に張りあうことが多かった。

「くそっ、全屋が！」

振柿から電話で事件を知らされた奥乃は、目も眩むほどの怒りと焦りを覚えた。まだ完治していない右腕に目を遣りながら、全屋に対する屈辱と憎悪とで躰《からだ》が震えてくる。

「おまえがもたもたしとるからや。早う、行かんか！」

電話の向こうから、振柿が煽るように奥乃を叱咤した。

全屋に先を越されたとあって、奥乃はいよいよ後戻りできなくなった。全屋以上の戦果をあげないことには、引っこみがつかなくなったのだ。となると、カチ込み（建物への発砲）では格好がつかず、タマ取り（命を狙うこと）しかなかった。

奥乃はすぐさま今井とともに、全屋に撃たれた倉本組系山田組相談役がどこへ入院したのか、病院を調べることにした。そこへ行けば、倉本組系組員とも遭遇でき、報復のチャンスもあるだろうと踏んだのだ。

間もなく相談役は福島区の阪大病院（大阪大学医学部付属病院）へ入院したことがわかり、その日の夕方、二人は阪大病院へ偵察に出かけた。

思った通り、阪大病院には大勢の倉本組系組員が駆けつけていた。奥乃は小躍りし、

「これやったら、やれるんやないか」

と、今井と確認しあった。

が、拳銃を用意していなかったので、病院近くの公衆電話から、振柿に連絡をとった。

「道具はどないなってますんや?」

奥乃からの電話に、振柿は、

「それやったら赤松の姐さんに預けてあるから取りに行け」

と即座に応えた。「赤松の姐さん」とは、西成の二代目清勇会幹部赤松國廣の妻のことだった。その時分、赤松國廣は服役中の身であった。

奥乃はただちに今井の運転する車で西成の赤松宅へ向かい、姐から拳銃を受けとった。

が、その夜の病院での襲撃を断念したのは、大阪では知らぬ者とてない阪大病院ゆえに、いくらなんでも場所が悪かったからだ。

当時、年明け早々に勃発した一和会ヒットマンによる四代目山口組竹中正久組長射殺事件に端を発して、山口組と一和会との血で血を洗う〝山一抗争〟が発生、西日本各地が主戦場となって、まさに抗争真只中の状況であった。警察当局もピリピリしており、山口組系組員が撃たれて入院中の大病院とあれば、なおさら警戒も厳しかった。

そこで奥乃は翌一九日から再び今井とともに、あるいは二代目清勇会組員西村寿を加えた三人で、ターゲットとなる倉本組系列下の組事務所や関係者宅の下検分のため、奈良県や滋賀県下を車で駆けずりまわった。

その間、振柿からは、「まだか」「早うせんかい」と矢のような催促が入った。拳銃を渡されている手前、奥乃にはそれも大きなプレッシャーとなった。

結局、奥乃が尼崎の「ラウンジ・キャッツアイ」でマネージャーをつとめる倉本組系列組員・桝元昇を標的に定め、同店を襲撃場所と決めたのは、そこが最も狙いやすかったからだった。他のいくつかの候補は、警察官の張り付き警戒があったり、人のいる気配がなかったりして、標的にするには難があったのだ。

「よし、ここや。こいつのタマを取る」

奥乃が「キャッツアイ」に狙いを定めたのは、決行二日前のことだった。

内部の確執

まさか奥乃たちがそんな動きをしているとは露知らない川口和秀は、親分・東勇や東組若頭森下和美の意を受けて、水面下で倉本組との和解調停に奔走していた。

東組滝本組組員による倉本組への報復銃撃が起きたのは、そうした最中のことだった。事件を知った川口が、とっさに、

〈こら、まずいな……〉

と苦慮したのは、倉本組との停戦が申しあわされ、和解の条件が折りあうのも時間の問題という局面であったからだ。

が、東組には死者が出ていることを考えれば、相手に一矢報いたことで東組の面子も保て、かえって和解が容易になるのではないか——との楽観的な観測も生まれてきた。手打ちで大事なことは、マスコミの言うような〝血のバランスシート〟ではなく、〝面子のバランスシート〟に他ならなかったからだった。

川口はこの報復事件前日の九月一七日、以前からの持病である腎臓結石の激痛で、大阪市平野区の

共立病院への緊急入院を余儀なくされていた。そのことは二代目清勇会組員の山岡馨のみが知る事実であった。

実は川口は三カ月ほど前から二代目清勇会事務所へはまるで顔を出さず、連絡も断っていた。私的なことで煩瑣な問題を抱えていたこともあって、知人たちから無心されたり、諸々の相談を受ける煩しさを避けたかったのだ。

加えて銃刀法違反事件の保釈逃亡中の身とあって、ビジネス上の仕上げに集中したいという個人的な事情もあった。

むろん立場上、そうしたことの一切は他の組員には説明しておらず、川口への連絡は山岡を介してしか取れなかった。まだ携帯電話など普及していなかった時代である。

そうした事情も悪く作用して、今回の抗争において、親子の間で意志の疎通に欠け、捉えかたの齟齬が生じたのかも知れない。なにしろ、親の川口が倉本組との手打ちに向けて水面下で奔走しているとき、子である振柿と奥乃は、それとは逆行する形で報復をなそうとしていたのだから、川口にすれば、とんだ親の心子知らずであったろう。

だが、それ以上に、二代目清勇会における振柿と奥乃の微妙な関係や対立、いわば二人の主導権争いともいうべき構図が、キャッツアイ事件に深い影を落としているのも、紛れもない事実だった。

そもそも今回の東組と四代目山口組倉本組との抗争が勃発する端緒となった柳原幸司刺殺事件が起きたとき、振柿明は神戸刑務所を出所したばかりで、社会復帰してまだ一カ月も経っていなかった。

その懲役とて、もとはといえば、奥乃のせいで落とされたようなものだった。

それは二代目清勇会組員による山口組三次団体組員の遊戯機強奪事件に端を発する両者の抗争事件に起因していた。

両者はいったんは交渉の席に着いたのだが、相手方はいきなり清勇会事務所に発砲してきた。これまた振柿が刑務所を出所して数日後の事件であった。

副会長というナンバー2の立場で、この始末をつけなければならない振柿であったが、さすがに出所してきたばかりとあって、相手方への報復は二の足を踏んだ。

こういう状況のとき、図抜けた行動力を見せる男が、奥乃勘一だった。すばやく相手事務所へ赴いて銃弾を撃ち込むという、いわゆるカチ込みをやってのけたのだ。

その後で意気揚々と清勇会事務所へ引きあげてきた奥乃は、居あわせた組員たちの前で、振柿を名ざしで、

「この喧嘩の原因は副会長や。ワシは清勇会の面子を守るため、たったいま、カチ込みをかけてきたんや。その責任は当然副会長がとるべきでっしゃろ」

と、カチ込みの勢いのままに喚きたて、有無をいわせず、使った拳銃を振柿に差しだした。

振柿はそれを拒否することができず、拳銃持参で警察に出頭し、神戸刑務所へ服役するハメになったのだ。

奥乃にとって、自分よりキャリアが下なのに万事如才なく出世の早い振柿は、何かと目障りな気にいらない存在であった。その振柿をまんまと刑務所に追いやったばかりか、清勇会における自分の存在感を皆に見せつけることにも成功して、奥乃は内心で、してやったりと快哉をあげた。

一方、振柿とすれば、皆の前で恥をかかされたうえに懲役まで背負わされた奥乃への恨み骨髄で、刑務所ではその屈辱を嫌というほど噛みしめた。出所したら、なんとか奥乃に対して、目に物を見せてやりたいと、そればかり考えてきた。

振柿は出所した早々、その機会が訪れたことを知った。それこそ昭和六〇年九月一〇日、奈良県大

淀町で起きた山口組倉本組系組員による東組本家親衛隊の柳原幸司副隊長刺殺事件であった。

振柿は事件三日後に、倉本組への報復を決断し、その実行役として真っ先に奥乃を指名した。これによって奥乃を懲役に送りこめるうえに、自分は二代目清勇会副会長としての面目も保て、その地歩も確立できるという一石二鳥の効果があげられることははっきりしていた。

九月一三日午後三時半ごろ、振柿は奥乃を堺市内にある花時計の前に呼び出して、

「おまえ、倉本組に行ってくれるか」

と切り出した。

タマ取り、つまり相手の命を奪えという指示を出すほどの性根に欠ける振柿にすれば、もとよりカチ込みを意味していたのだが、言葉のうえではどっちともつかない、

「倉本組に行ってくれるか」

との表現になった。

「えっ、ワシがでっか？」

奥乃は突然の話に驚いたのか、とまどいぎみにこの日は返事を保留したが、それは無駄なあがきというものだった。奥乃にはこういうとき、何が何でも率先してやらなければならない理由があったのだ。

振柿もまた、そのことを知っていた。

翌一四日、振柿は再び堺市内の花時計前で奥乃と落ちあい、前日同様の指示を出した。

「行かなあかんぞ」

奥乃はもう後に引くことはできなかった。

川口にとって奥乃は最古参の若衆だった。初めて出会ったのは、川口が一九歳のとき、初代清勇会

の一員として抗争事件で躰を賭け、初犯で服役していた姫路少年刑務所でのことであった。たまたま配役された工場で一緒になったのだが、そのとき奥乃は川口より一歳年長の二〇歳。神戸の山清組に所属したこともある極道経験者で、左手小指が欠損していた。

奥乃は工場で作業役席が隣り同士になった川口に対して、一目置いて何かと立て、二人は自然に親しくなっていく。

川口はこの姫路少年刑務所を昭和五〇年一月に出所した。

五カ月程遅れて出所した奥乃が、間もなくして大阪・堺の川口を訪ねてきた。

「ワシはあんさんに惚れてしもたんですわ。盃を貰えまへんか」

こうして奥乃は川口の押しかけ若衆になったのだった。

奥乃は、彼女と同棲中の川口の四畳半・二畳二間のアパートで起居をともにし、約半年間、親分・川口の身のまわりの世話をしながら、いわゆる部屋住み修業に励んだ。その礼の尽しかたといい、忠誠ぶりといい、川口も驚くほどだった。

同年一〇月、地元の秋祭りの日、初代清勇会の者と山口組玉地組系幹部との間で揉めごとが起き、負傷者が出る事態が発生した。事件勃発の一報を聞くや、誰よりもすばやい行動に打って出たのが、奥乃だった。

それは川口のまったく知らぬ間の出来事であった。奥乃は、川口の自宅アパート斜め前にあった山口組玉地組系事務所に向けて、拳銃発砲を敢行したのだ。

発砲後、悠然と川口の住むアパートに戻ってくるや、

「鍵がかかってましたんで、中に入って相手を撃つことができまへんでしたわ。残念ですわ」

と言ってのけたから、これには川口も内心で舌を巻いた。極道として見あげた根性であった。この

性根こそヤクザとしては最も肝心なところで、口先だけの男とそうでない者とを分かつ分水嶺といってよかった。

ここぞという場面で、誰に言われるまでもなくさっと行動に打って出て躰を張る性根。その行動力の抜きん出た男が奥乃だった。

この発砲事件で岸和田警察署に逮捕されたのは、奥乃ではなく川口であった。当時はまだ清勇会における奥乃の存在を、警察が把握していなかったからだ。

川口に対する大阪府警本部四課の取調べは苛烈を極め、拷問にも等しかった。

それを耐え抜いた川口は、この事件では当然ながら不起訴処分となって釈放されたものの、すぐに別件で逮捕されることになる。

そのとき、岸和田署の留置場で同房となり知りあったのが、振柿明であった。

連日、府警四課の厳しい取調べに耐える川口の姿に、振柿は、凄い男や——と感服し、次第に川口を男として慕うようになっていた。

やがて振柿は別の署へ移監されて行き、川口も釈放されてシャバへ出た。

二人が再会するのは翌五一年春のことで、執行猶予判決が出て釈放となった振柿がすぐに堺へ川口を訪ねてきたのだった。

振柿はそのまま川口の若衆となった。奥乃より一年遅れての入門であったが、清勇会一門として、二人の立場はたちまち逆転する。

からみつく私怨

奥乃と振柿の人物像は対照的であった。腕と度胸に覚えがあり、行動力に秀でた奥乃は、口下手で無器用、生計を立てる才もなく、喧嘩だけが取り柄という昔ながらの極道タイプだった。性格的にも狷介で、人を人とも思わぬような強引なところが目についた。

一方の振柿は、弁が立って商才もあり、機を見るに敏、世故に長けて、万事如才なかった。ただし、奥乃のようなヤクザとしての性根や行動力、押しに欠け、極道同士の掛けあいなどではつい腰が引きがちであった。

そんな二人が気が合うはずもなく、互いに相手を嫌って悉く感情的な対立を深めていった。奥乃にすれば、

「ワシより後から来たヤツが偉そうにしやがって……」

と面白くなく、振柿にしても、

「何や、喧嘩しか能のないヤツが……」

と蔑みの感情しか持たなかった。

川口は両者の関係をなんとか修復しようと試みたこともあったが、その感情の齟齬は大きく、思うようにいかなかった。

そうしたなか、奥乃、振柿を含む六、七名の若衆を従えて、川口組を結成したのは、昭和五一年、川口が二三歳のときだった。

さらに翌五二年、親分・東勇から跡目の指名を受けて、川口は二代目清勇会を継承する。二四歳での二代目継承など、ヤクザ社会では考えられないような破格の抜擢であった。

川口は二代目清勇会を継承するや、振柿を副会長というナンバー2のポストに就かせ、組織固めを図った。

川口にとって組織の基盤を確固たるものにするために必要としたのは、奥乃の暴力や性根ではなく、

振柿の持つ政治的経済的な手腕・器量に他ならなかった。

まず何より経済的な基盤を固めることが、組織づくりの第一歩と考えたのだ。巨大組織を相手に一歩も引かずに喧嘩ができるのも、経済的な裏づけがあってのことだった。そのための振柿の副会長登用であった。

川口にすれば、かねてその果敢な行動力こそ買っていたものの、他のことに関してはまるで評価できない奥乃の幹部抜擢は考えられなかった。無役のままの待遇も、川口の不信感の表われであった。

これに納得できなかったのか、奥乃が、清勇会組員の西村寿を通して、

「会長、自分を行動隊長に任命してもらえまへんか」

と頼みこんできたときも、組内において暫定的に許可するが、対外的なものとしては認めない——と、川口は承諾しなかった。

実際、奥乃は不行跡を繰り返し、川口や組に対し迷惑をかけることが少なくなかった。昭和五六年秋には、大きな不始末をしでかして姿を晦《くら》ませ、組にも長期間寄りつかなかった。

約一年半後に、西村の仲介で指を詰めて組に復帰することになるのだが、川口はその不始末の内容を誰にも喋らず、不問に付して奥乃を許した。

奥乃は復帰に際し、

「次に清勇会に問題が起きたときは、ワシの躰で清算させてもらいまっせ。会長、最後のチャンスを与えとくんなはれ」

と川口に懇願したばかりか、組内の誰彼構わず、

「清勇会の喧嘩はワシが躰を張るさかいな。ワシに任せんかい。懲役も全部背負ったる。ワシを男にさせてくれ」

と吹きまくった。

川口との間でいったん失った信頼関係を取り戻すべく、奥乃は必死であった。清勇会で抗争が勃発した暁には、自らが先頭に立って躰を張る――と公言することで、組内で凋落しつつあった存在感を見せつけ、再び浮かびあがろうとしていた。

その甲斐あって、奥乃の心意気を認める組員たちも出てきて、その者たちから奥乃は行動隊長に推挙されるのだ。

奥乃が懲役に追いやった振柿が三年ぶりに出所してきて、キャッツアイ事件の引き金となる東組と山口組倉本組との抗争が起きるのも、そんな状況下であった。

もとより振柿もそうした事情は知っていた。倉本組への報復カチ込みの実行役として、奥乃に、

「倉本組に行ってくれるか」

と真っ先に白羽の矢を立てるのに、すべて好都合な条件は揃っていたのだ。振柿にとって、奥乃のために三年もの懲役に追いやられた私怨を晴らせるまたとないチャンスでもあった。

振柿・奥乃に先んじて、東組滝本組組員・全屋による倉本組系組員への報復狙撃事件が起きたことも、奥乃の複雑な感情に火を点けた。全屋こそ一カ月前に奥乃の右腕を折った憎き喧嘩相手であった。

悲惨な結末

それでもなかなか倉本組の報復先が決まらず、日増しにジリジリした焦燥感を増していた奥乃が、ようやく狙いを定めた先が尼崎市東園田の「ラウンジ・キャッツアイ」であった。

二代目清勇会組員の今井が、報復標的としてリストアップしてくれた倉本組系列事務所や関係者宅などの所在地を記したメモの中に、その名があったのだ。今井が知りあいの他組織の者から、

『キャッツアイ』に倉本組系の組員がおるらしい」

と聞いて調べたもので、「キャッツアイ」のホステスから交際中の元東組系組員を通して齎《もたら》された確かな情報であった。同店マネージャーの桝元という男が該当者であることも判明した。

その桝元をターゲットとして、九月二三日を決行日と決めた奥乃は、前日の夜七時過ぎ、今井とともに車で「キャッツアイ」へ下見に出かけた。

同ラウンジは、阪急園田駅の北側駅前のパチンコ店二階にあった。「ラウンジ・キャッツアイ」と書かれた看板の灯が消えていたのは、この日は休業日であったからだ。

奥乃は運転役の今井に、

「ここを狙う」

ときっぱり告げ、堺に引き返した。さらに運転中、

「この道順を覚えておけ」

と、決行後の逃亡ルートまで今井に確認させている。

翌二三日夜、奥乃は今井の車で「キャッツアイ」へと向かった。助手席に乗りこんだ奥乃は、

「今日は撃ちこむぞ」

と宣言するように言い、今井に対し、

「おまえは知らんことにしておけ」

と庇《かば》うような言葉を発した。

二人が「キャッツアイ」に到着したのは、夜七時過ぎだった。看板には灯が点いており、おのずと緊張感が高まってくる。

車を停めた先は、店より二〇〇メートルほど東方に行き過ぎた地点だった。左脇腹のズボンのベル

トに差しこんだ回転式六連発拳銃を、奥乃は手で確かめた。

今井の手袋を借りたうえで、

「エンジンを掛けたままで待っといてや」

と指示して車を降りると、奥乃は小走りに歩いて「キャッツアイ」へと向かった。パチンコ店右側の階段を上ったが、いまひとつ肚が固まらず、いったんは車の今井のもとへ引き返した。

自らに気合いを入れるようにして、奥乃は再び目的地へ向かい、「キャッツアイ」へ通じる階段を上った。

ようやく奥乃は「ラウンジ・キャッツアイ」入口の前に立った。まだ夜の早い時間であったから、おそらく客は入っていないと思われた。

扉を引き開けた先に、店内に通じるもう一枚のガラスドアがあった。それを押し開けて奥乃が入店すると、薄暗い照明のなか、右側に細長いカウンターがあり、左側に四、五組のテーブル席があるのが見てとれた。

バーテンや黒服の他、カウンター付近とテーブル席にあわせて五、六人のホステスが待機していた。

「いらっしゃいませ」

入店した奥乃を客と見て出迎えた一人のホステスに、

「マネージャーはおるか」

と奥乃が訊ねた。

「はい」と彼女は応え、奥で電話中の男に近づいていった。

間もなくその男が、入口付近で待つ奥乃のほうへやってきた。目の前——二メートルぐらいの距離に近づいたとき、奥乃が、

「桝元か」

と訊くと、男は怪訝《けげん》そうな面持ちで、

「はい」

と返事をした。

標的と確認した奥乃は、左脇腹のベルトに挟んだ拳銃をすばやく取り出すや、桝元に狙いを定めた。右手で拳銃を構え、左手を銃把の底に当てがうというスタイルは、拳銃を扱い慣れた者の所作だった。

たちまちマネージャーの顔に驚愕の表情が広がった。

構わず奥乃は拳銃を発射、一発目は桝元の左肩に命中した。その衝撃で転倒した桝元は、必死に店の奥に向かって這い、魔の手から逃れようとする。

奥乃はさらに桝元目がけて二発、三発とたて続けに発砲、そのとき、奥乃の目に、標的と重なって一人のホステスの姿が映ったが、引き金を引く指は止まらなかった。桝元のタマ取り——命を奪うことしか、奥乃の頭にはなかったからだ。

奥乃の放った三発の銃弾は、うち一発が桝元の左肩に当たって三カ月の重傷を負わせ、もう一発はアルバイトホステスの左腰を貫通、巻き添えに遭った彼女は、翌朝八時半に死亡するという悲惨な結果を招いてしまった。

発砲を終えた奥乃は、その場をあわてて去り、店を出て一目散に階段を降りると、今井の待つ車へと駆けた。

奥乃が乗りこんだのを確認するや、今井はすぐに車を発車させた。エンジンをかけっ放しにしてあったのだ。

堺に帰る途中、奥乃は運転する今井に、

「三発ハジいたから、一発は入っとるやろ」
と、人を撃った興奮冷めやらぬ様子で、語ったものだ。

反感と憎悪

この〝キャッツアイ狙撃事件〟が、これを指示した振柿と実行した奥乃両人にとって大いなる誤算となったのは、店で働く女の子を巻き添え死させてしまったことだった。それはヤクザ社会において、むろん評価されたり賞讃されるべき性格のものではなく、絶対にあってはならないことであり、ヤクザの仁義に悖《もと》る行為であった。

振柿にすれば、倉本組への報復は、目障りな奥乃を懲役に追い落として意趣返しができるばかりか、清勇会副会長として面目も保てるはずのものだった。そのために親分・川口の名を騙《かた》って奥乃に命じた報復カチ込みであったのだ。それを奥乃は〝カチ込み〟を〝タマ取り〟にすり替え、杜撰《ずさん》な襲撃計画によって女の子の巻き添えという最大のタブーまで犯してしまったのだから、始末が悪かった。

奥乃にしても、失墜しかけていた清勇会内での信用を取り戻し、地位向上を図れる絶好のチャンスとして今度の報復行動はあったはずなのだ。

両者の思惑は外れ、前にも増して互いへの反感と憎悪を募らせていく。とりわけ事件を起こして逃亡生活に入り、逮捕されれば長い懲役が待っているだけで何ら見返りも望めない奥乃にとって、振柿への恨みは大きかった。

次第にその反感は膨れあがって、逃亡生活の鬱屈した心境と相俟って、奥乃はときとして振柿に、
「オレだけつらい目さすんか。オレはこんな事件、嫌や。おまえが背負っていかんかい！」
とまくしたてることにもなった。振柿にしても、奥乃に対して、

〈おどれがとんだドジを踏むからや！〉

との思いが強く、二人の対立は抜きさしならぬものとなっていく。

奥乃による〝キャッツアイ事件〟は、清勇会ナンバー2としての振柿の立場を確固たるものにするどころか、マイナスに作用したのは確かだった。

それでなくても振柿のナンバー2の座は、川口和秀というトップが表立ってバリバリ動けてこそ、初めてその右腕としての有能さが引き立つ性格のものであった。それも専ら経済的基盤を確立するうえでの手腕であり、振柿のヤクザとしての力量となると、疑問符がついた。

そのころ川口は、銃刀法違反事件の保釈逃亡中であり、個人的な事情もあって事務所から遠ざかり、山岡という若衆しか連絡がとれない状態であった。川口が不在も同然の清勇会となれば、振柿の器量不足が嫌でも目につくのは否めなかった。

加えて振柿は副会長の肩書を利用して、たびたびナンバー2らしからぬ振る舞いに出るようになっていた。組の者のシノギに介入したり、とかく女性関係で悪い風評が立ち、清勇会組員たちの信用を失くすこと甚しかった。

振柿という男は、ヤクザには弱いがカタギには強い——強い者には腰が砕け、相手が弱いと見ればとことん高圧的な態度を押し通すという一面が見られた。ビジネス上の仕事をそつなくこなす手腕を、川口に買われての副会長抜擢であって、本来ならその器でないことは誰の目にも明らかだった。

そんな振柿が馬脚を現わすのはキャッツアイ事件から間もない時期、川口が組から遠ざかっていて不在にも等しい時分のことで、振柿は失脚を余儀なくされるのだ。

振柿追い落としの急先鋒となったのが、二代目清勇会舎弟の町戸恭之助で、振柿や奥乃の叔父貴分にあたる人物であった。町戸はキャッツアイ事件の直後、昭和六〇年九月二七日に神戸刑務所を出所したばかりだった。

振柿はこの叔父貴の町戸をはじめ、今井、橘、松杉ら清勇会組員たちからこっぴどい制裁を受けるハメになるのだ。副会長の立場を利用しておよそヤクザにあるまじき行為をした結果であった。その制裁は数人がかりで顔面はおろか腹や胸、躰中を殴る蹴るし、肋骨を数本骨折させるなど凄惨を極めた。

これに参加した一人である橘は、後に、

「それまで副会長であった者を、そこまで制裁するのは可哀想だった。しかし、ヤクザとしてしてはならんことをした。仕方ない、そう思いながら制裁した」

と語ったものだ。

川口の舎弟の町戸に制裁を加えられるならともかく、振柿はいずれも格下の清勇会組員によって、これ以上ない屈辱を受けたのだ。もはや振柿には清勇会を去るより他に術はなかった。

この制裁事件で清勇会を追われた振柿が、川口に対してどれほど深い怨恨を抱くことになったか、想像に難くない。その制裁を、すべて川口の意を受けてのもの――と、振柿は思いこんでしまったのだ。

副会長の座

実はこの制裁事件の背景には、川口が銃刀法違反事件で保釈逃亡中でいつ服役するともわからぬ状況下で、清勇会における副会長の座を巡っての主導権争いという側面があったのは紛れもなかった。

川口が服役すれば出所までの間、二代目清勇会はナンバー2の座にある者が実権を握ることになる。トップ不在の間、留守を預かって組織を守るというのも、ナンバー2に課せられた大事な役目だった。

だが、その座にある振柿が、皆の目になんとも心もとなく、川口が組と充分な連絡をとれない状況であるのをいいことに、勝手なことばかりしているという実態があった。

そこへ出所してきたのが、二代目清勇会舎弟の町戸であった。町戸はヤクザとしての実績・格・器量——すべてにおいて振柿より勝っていた。

町戸は二代目清勇会の置かれている状況をつぶさに見てとった。

キャッツアイ事件直後というなかにあって、振柿と奥乃の人間関係が悪化し、組織内に緊張が漲っていること。振柿が清勇会内で多くの者から反発を招いて、信用を失くしている状態であること。実力者の舎弟頭赤松國廣が服役中であり、なおかつトップの川口がのっぴきならない個人的な事情もあって、組から遠ざかって連絡もままならないという実状。

まさに鬼のいぬまの洗濯よろしく、振柿を失脚さえさせれば、二代目清勇会副会長の座は自分に転がりこんでくるのは目に見えていた。

こうして町戸は振柿追い落としを画策し、その延長上に起きたのが振柿制裁事件であった。

川口はこの件について町戸から事後報告を受けた。振柿が仕出かしたヤクザにあるまじき行為の内容を聞くと、確かにそれは庇いようのない代物で、

「もうヤツは組から追放するしかありません。少し手をかけました」

との町戸の言にも、川口はやむなしと頷かざるを得なかった。

それでも川口は振柿を絶縁や破門処分にもせず、カタギとして自分の関係する会社に在籍させたのは、これまでの組への貢献度や今後のことを考えての配慮であった。

だが、町戸や奥乃はこれを容赦せず、何度か会社を訪れては「川口の命令」と偽り、振柿から金を脅しとる挙に出ていた。

やがてそれに耐えきれなくなった振柿は、離別した妻子のいる九州・長崎へと逃亡する。

「振柿が会社にも来いしまへん。行方を晦《くら》ましました」

との報告を町戸から受けた川口は、初めて振柿を除籍処分とした。それは破門や絶縁とは違って、組を離れたことの承認という意味あいの軽い処分だった。

町戸と奥乃が振柿に対してなした数々の所業——彼らがどれだけ徹底して振柿を痛めつけ追いこんだかということをまるで知るよしもない川口には、その程度の認識しかなかったのだ。

川口は、町戸たちによって手ひどい制裁を受けた後の振柿とは会っていなかった。それでも一度会おうということになったのだが、当日になって町戸を通して当人から、

「風邪のため行かれまへん」

との伝言があって、機会を逸したのだった。来られないのは当然で、そのとき振柿は町戸らの私刑によって腰の骨を折るほどの重傷を負い、入院中の身であった。町戸が川口に伝えた、

「少し手をかけました」

などという生やさしい制裁ではなかったのだ。

そしてその後の町戸と奥乃による振柿へのたび重なる脅しと恐喝。それも川口の名を騙っての行状であった。

そうしたことを川口はすべて後に知ることになるのだが、昭和六二年一月中旬——キャッツアイ狙撃事件から一年四カ月ほど経ったある日、そんな奥乃の悪行の一端が、図らずも川口の前に暴露される。

カタギを喰いものに

川口はその日、知人の事務所の奥の間で、麻雀に興じていた。

そこへ川口を訪ねて、

「会長、助けとくんなはれ」

と駆けこんで来た人の顔を見て、川口は只事ならぬものを感じた。涙と洟水を垂れ流し、まるでこの世の終わりのような形相なのだ。

「どないしはったんや、南垣戸はん」

川口のよく知る南垣戸忠という不動産会社社長であった。

川口は麻雀を中座し、室外へ出て事情を聞くことにした。

南垣戸は悲痛な面持ちで縷々訴えた。土地の売却に関して三〇〇〇万円支払えと、奥乃から連日矢のような催促を受けていること。もともと振柿明が整理した土地なのだが、交渉が成立しなかったことに腹を立てた奥乃は、清勇会事務所や喫茶店で南垣戸を殴打した。あまつさえ、正月早々には南垣戸の所持金を全部強奪したという。

その後も連日連夜、奥乃の南垣戸に対する脅迫や乱暴狼籍、嫌がらせなどが絶えなかった。昼は南垣戸の会社へ怒鳴りこんで暴れ、夜は南垣戸邸前で待ち伏せし、深夜は自宅に電話をかけ、

「これから家を燃やしたろか。子どもの通っとる学校も知っとるんやで」

などと脅したりした。

精神的に追いつめられた南垣戸は、もはや発狂寸前といった態で川口に直訴に及んだ次第だった。

話を聞くなり、川口は怒り心頭に発した。

以前からも、奥乃がカタギをいじめているという話は耳に届いていた。スナックのママを半殺しの

目に遭わせて堺市から追放したとか、屋台のうどん屋の主人に執拗なまでに暴力を振るって、精神を病むまでに追いこんだという話。

南垣戸に対しても、今回が初めてではなかった。奥乃に対する態度が馴れ馴れしいと因縁をつけ、顔が腫れるほど殴ったこともあったという。

そんな話を耳にするたび、川口は奥乃に注意してきたが、効果があるのは少しの間だけのようだった。改心を誓って態度を改めるのも束の間、またしばらくすると元の木阿弥で、奥乃の非道な振る舞いが繰り返された。

川口は何が嫌いかといって、ヤクザのくせにカタギや弱い者いじめばかりやっている手合いほど嫌いな輩はなかった。ヤクザとして恥ずべきこととしか思えなかった。カタギには絶対迷惑をかけないというのが、川口の信念であった。

何より、家族に危害を加えると言って相手の一番の弱みを突くやり口、その者にとって最も大事な妻子を楯にとる卑劣極まりないやりかたが許せなかった。

それでも川口にすれば、奥乃は四畳半二畳二間のアパート時代から苦楽をともにしてきた最古参の若い衆。キャッツアイ事件でカタギの女の子を巻き添え死させるようなことをやらかしたと知っても、処分もせず、叱責ひとつしなかった。

だが、南垣戸の有様を見ては、川口の我慢も限界だった。ここまでカタギをいたぶり、虐待している者を許すわけにはいかなかった。

川口は町戸恭之助に連絡をとり、

「いますぐ奥乃を引っ張って来んかい！」

と命じた。町戸はこの時期、念願が叶って振柿の後釜にすわり、二代目清勇会副会長であった。

川口の剣幕に恐れをなし何事かを感じとったのか、町戸は間もなくして、

「明日なら必ず連れて行きますよって」

と、電話で伝えてきた。

「よし、ほなら明日正午、大阪刑務所前へ連れて来たってくれ」

と指示したうえで、川口は、

「面目ない。ワシの教育が悪いさかい、こがいな迷惑をかけてしもて……堪忍しとくなはれ」

と南垣戸に詫びた。

翌日正午、川口は大阪刑務所前で町戸、奥乃と落ちあった。

「よし、勘一、ワシの車に乗らんかい。町戸もや」

川口はいまも奥乃を名前で呼んだ。川口に促され、二人がその愛車に乗りこんで来た。町戸が助手席に座り、奥乃が川口の待つ後部座席に腰をおろす。

奥乃は神妙な顔で、緊張ぎみに川口の言葉を待っている。しばし車中を重苦しい沈黙が支配する。

やがて川口が、厳とした口調で、

「勘一、おまえは絶縁や」

と申し渡した。

その瞬間、奥乃は目を見開いて息を呑み、愕然と肩を落とした。助手席の町戸が驚いて後ろを振り返り、川口を見遣った。

「親父……」奥乃の顔がゆがんだ。

「勘一、おまえとは長いつきあいやったが、今日からは他人や。大阪から出て行くんや。出て行かんとなったら、ワシへの挑戦と見なし、殺さなならん」

うむを言わせぬ川口の弁だった。絶縁のうえに大阪所払いという処分は、いくら絶縁にしようと奥乃が大阪にいる限り、また同じことを繰り返し、カタギの人間が犠牲になると懸念した川口の判断ゆえであった。

「……わかりました」

奥乃が絞り出すように声を放った。

川口とて、姫路少年刑務所時代の出会いに始まる奥乃とのさまざまな思い出が脳裡をよぎり、一抹の寂しさは否めなかった。が、そうしなければ、長たる者、他の者への示しがつかず、組織の維持はできなかった。

川口は心を鬼にして奥乃を切り、永遠の別れを告げたのだった。

川口は後に、この奥乃と振柿によって虚偽供述をなされ、二人にキャッツアイ狙撃事件を命じた首謀者として冤罪を着せられることになるのだが、もしその件が事実であったなら、このとき川口は間違っても奥乃を絶縁にするようなことはなかったろう。絶縁され親でもなければ子でもないとなれば、逮捕された奥乃が、川口に命じられたと自供するのは火を見るより明らかだからだ。

逆に言えば、キャッツアイ事件には何も関与していなかったからこそ、川口は奥乃を絶縁できたのだ。

第二章　冤罪の構図

実行犯逮捕

奥乃が逮捕されるのは、川口から絶縁となった一カ月後、昭和六二年二月一五日のことである。同日深夜一二時ごろ、愛人が経営する堺市のスナックに、奥乃が現われたところを、張りこんでいた兵庫県警暴対二課に逮捕されたのだった。そのスナックに奥乃が毎晩顔を出すとの情報を、捜査員が摑んでいたことによる。

逮捕のきっかけとなったのは、匿名の男性から警察にかかってきた一本の密告電話であった。キャッツアイ狙撃事件が起きたとき、所轄の尼崎北警察署と兵庫県警本部は、折から西日本一帯で連続して勃発していた山口組と一和会の抗争の関連と判断したこともあって、初動捜査が遅れた。実行犯逮捕にこぎつけるまで、事件発生から一年半要したのも、多分にそのせいもあったろう。

その逮捕の際、奥乃の確認のため現場で捜査員に立ちあった人物がいた。名を振柿政といい、組を追われ長崎へ逃亡した振柿明の実弟であった。

この振柿政こそ、キャッツアイ冤罪事件のキーパーソンとなる人物である。

振柿政は堺市で街金といわれる貸金業「振柿ローン」を営んでいた。

銀行はもとより、大手貸金業者、その他どこからも借りられなくなった者が、最後にたどりつく高金利の貸金業である。二代目清勇会副会長の肩書きを持つ実兄の振柿明の力を背景にしなければできない商売であった。

振柿明が町戸と奥乃の執拗ないたぶりに耐えきれず、長崎へ逃亡したのは前年九月のこと。その振柿明の行方を、奥乃はなおしつっこく追って、攻撃の矛先は実弟の振柿政に向かっていく。

奥乃は若衆の松杉良とともに、政の営む振柿ローンへ押しかけ、

「おい、おどれの兄貴はどこや？　居所を言わんかい。言わんと痛い目見るで」

と脅しあげた。それでも政が、

「僕は兄貴のことは何も知りまへんのや」

と答えないでいると、奥乃はその後も何度も会社へ押しかけたり、電話を掛けてきたり、嫌がらせは次第にエスカレートしていく。

そのうちに南垣戸のときと同様、

「ワシはな、おまえの長男の幼稚園の行き帰りも知っとるし、姉ちゃんの小学校も知っとるんやで」

と、暗に子どもの身に事故が起きるようなことをほのめかす、卑劣な脅迫を行なうまでになった。

奥乃の度の過ぎた嫌がらせや悪質な脅迫に対し、振柿政は怯え、恐怖心を募らせていった。

殴る蹴るの暴行を受けたうえに金を取られ、車を奪われ、さらには貸金業の会社「振柿ローン」まで乗っとられそうな気配であったから、事態は深刻だった。政はろくに食事も喉を通らず、夜も眠れず、頭には円形脱毛症の十円玉状のハゲが十四、五カ所もできる有様であった。

精神的にも追いつめられたそんな男が、そこから逃れたい一心で、以前から自分に協力を要請して近づいて来ていた警察に庇護を求めたとしても、無理ない話だった。しかも、暴力と脅迫とでさんざん恐怖を与え続けている当の元凶・奥乃の逮捕に協力してくれというのだ。それに縋《すが》るしかなかった。

警察が振柿政に接触を図ってきたのは、キャッツアイ狙撃事件が起きて四カ月後、昭和六一年も明

けて早々のことだった。同年四月ごろには、兵庫県警暴対二課の東川明大巡査部長が、二人の若い刑事を連れて「振柿ローン」に振柿政を訪ねてきた。

このとき東川は、奥乃の写真を政に見せ、

「この男を知ってるか」

と訊ねた。政はすぐに奥乃とわかったが、知らないととぼけた。

尼崎北署に捜査本部を置く県警本部の暴対二課は、その後も東川や渡里春二警部補ら捜査員が来訪したり、電話を掛けてくるなど、執拗に振柿政と接触し、奥乃逮捕の協力を求めた。が、政は当初それを断わり続けた。

同年九月、実兄の振柿明が長崎へ逃走して間もないころ、主任刑事の東川が録音テープを持って政を訪ねてきたことがあった。「キャッツアイ殺人事件の実行犯は奥乃や」という密告電話を録音したテープだった。

それを聞いた政は、知人のスナックのマスターの声に違いないとの確信を抱いた。が、警察には黙っていた。それでも内心で驚きと動揺があり、捜査員はすかさずそこを突いてきた。

「決して悪いようにはせんさかい、奥乃の逮捕に協力したってくれんか。警察に協力したことは絶対誰にも言わんさかい、必ずガードするし、最後まで面倒も見る」

との甘言《かんげん》に、政の気持ちも動きだしていた。そのころには、奥乃の脅しが日々激しくなり、その中身も悪質さを増してきていたことも大きかった。

やがてそれが二人の子どもに危害を加えかねないところまでエスカレートするに至って、政は決意する。奥乃逮捕に協力し、警察の庇護下に入ることを――である。

こうして政は、半ば警察に籠絡《ろうらく》されたも同然となり、万事捜査員たちに協力的になっていく。

その過程で、長崎の兄・明の連絡先を捜査員に教え、もとより兄の承諾のもとだが、東川主任刑事が兄と直接電話で話ができるように取り計らってもいるのだ。

そして奥乃の逮捕当日、政は奥乃の〝面割り〟（確認）のために、逮捕現場に立ち会うことになる。その夜九時ごろ、渡里春二警部補が白いライトバンを運転して自宅まで政を迎えに来たのだ。

さすがに政も、事前にその旨の電話が東川からあったとき、

「勘弁しとくんなはれ。奥乃にバレたらえらいことになりまんがな」

と拒否したが、

「絶対バレんようにする。張り込む場所も離れとるから絶対顔もわからへん。大丈夫や」

と説得され、押しきられてしまったのだった。

結局このときの立ち会いが、後に兄・振柿明の虚偽供述を生みだす決定的な要因となるのだが、むろん振柿政には知るよしもなかった。

二人目の逮捕者

奥乃の逮捕から一カ月後の昭和六二年三月一一日、振柿明は長崎で土工として働いていた建設現場において、殺人及び殺人未遂罪で逮捕された。「振柿の指示を受けて動いた」という奥乃の供述に基づいての逮捕であった。

長崎県警国見警察署に連れて行かれ、初めて逮捕状を見せられた振柿は、

「何でや⁈　何でワシが逮捕されなあかんのや？　ワシは関係ないんや。尼崎北署とはずっと連絡がとれとるんや。問いあわせてくれ」

と抗議した。逮捕されるとは毫《ごう》も予測していなかったとみえ、振柿は国見署から国見駅、長崎、福

岡駅を経由して新幹線で新神戸駅に到着し、その日のうちに尼崎北署へ護送されてからも、同じように、

「何でオレが逮捕されるんや？　オレは協力してやっとるんだ。東川部長に会わせろ！」

と大声で言い張ったほどだった。逮捕されたことがよほど納得いかなかったのであろう。

振柿は長崎にあって、弟の政を通して尼崎の東川巡査部長とは何度も電話でやりとりをし、捜査陣との間で、キャッツアイ狙撃事件を組織的な犯行とする捜査方針に協力するとの話もできあがっていたのだ。

その際、東川は振柿に対し、

「あんたは川口会長と奥乃のパイプ役として取り次いだだけや。殺す意志もないんやから、大層なことにはならへん。幇助《ほうじょ》ぐらいや」

と言葉巧みに口説いて、

「たいした刑にはならんようにするさかいに」

調書をとらせてくれと要請していた。

その調書とはどのようなものであったのか。キャッツアイ狙撃事件が組織的犯行であるという立件のための調書であったのはいうまでもあるまい。

そんな経緯があって、捜査陣には協力しているとの意識が強かった振柿は、いきなり逮捕されたことに釈然とせず、尼崎北署でも「ワシは関係ない！」と鼻息も荒かった。

だが、そんな振柿も、間もなくして、通じているはずの東川巡査部長から、たちまち意気消沈する事実を突きつけられる。

逮捕された被疑者が留置される前に必ず取られるのが、通称〝宿帳〟といわれる弁解録取書である。

振柿もこの夜、尼崎北署に護送されるや弁解録取書作成のため、東川巡査部長、渡里警部補から取り調べを受けた。

その際、「何も知らん」と突っ張る振柿に、東川がこう告げたのだ。

「おまえがそない言うんやったら、それでいいわい。奥乃をパクッたのは、おまえの弟に協力してもろうて、手柄を立てたんや。面割りや。表にこのことが明るみに出たら、おまえもわかっとるやろう」

それは衝撃的な話だった。振柿は愕然とし、顔色も蒼ざめてきた。

〈政のドアホが！　なんちゅうアホなことをさらしたんや！　そがいなことが表に出たら、どんな目に遭わされるかわかっとるんか。奥乃が獄中に入っとる言うても、松杉がおるし、他の清勇会の連中にも何をされることやら……〉

振柿はかつて自分が町戸や奥乃、松杉らによって味あわされた恐怖と屈辱――どつかれ蹴られてさんざんの暴行を受け半死半生の目に遭わされた地獄のような制裁をまざまざと思い浮かべていた。奥乃の若衆の松杉良は元プロボクサーであったから、そのパンチの威力も凄まじかった。

〈あれらにやられたんでは政の生命に危険が及ぶ……〉

振柿はほとんど絶望的な気持ちになった。が、すぐに気を取り直し、

〈ワシが守ってやらな。なんとしても、弟の政だけはワシが……〉

振柿は知らず知らずのうちに目の前の捜査員に頭を下げていた。

「弟の件だけは表には出さんといてください」

「よし、わかった。その代わり、こっちにも協力せなあかんで」

二人の捜査員が勝ち誇ったように言った。

偽りの供述

平成元年一月二二日深夜、麻雀を終えた川口和秀は、うどん屋へ入り、酒を頼んだ。寝酒をひっかけようとコップに口を近づけたところで、後ろから、

「川口だな」

と声を掛けられた。大阪府警の捜査官であった。

頷く川口の両手に、手錠が食いこんだ。銃刀法違反事件で保釈逃走中の身の川口は、精も根も尽き、疲れはてていたので、捕まってホッとした気持ちになったのも確かだった。

まさかそれが別件逮捕であり、この後すぐにキャッツアイ狙撃事件の殺人及び殺人未遂の共謀共同正犯で逮捕され、以来二二年間、獄に繋がれる身になろうとは、思いもよらないことだった。

川口は銃刀法違反の他に道路交通法違反の別件起訴があり、二月初め、数日間の城東警察署暮らしを経て、キャッツアイ事件の管轄署である尼崎北署へと移管された。

川口の逮捕は、振柿が警察の取調べに対し、犯行は二代目清勇会会長である川口から倉本組への報復を指示されたものであり、犯行に使った拳銃は、川口から手渡されたもの――との供述による。

昭和六〇年九月一〇日深夜、奈良県大淀町で四代目山口組倉本組系組員による東組本家親衛隊副長柳原幸司刺殺事件が勃発。三日後、二代目清勇会副会長の振柿明はその報復を決意し、同組員（行動隊長の肩書は組内だけのものだった）奥乃に実行役を命じた。

一方で、振柿は柳原の葬儀に着ていく喪服がなかったので、会長の川口に直接会って相談した。その際、二人の間で、二代目清勇会として葬儀に何名参列させるか、香典はどの程度用意するかが話しあわれた。

このときの一五分ほどの葬儀の打ちあわせが、逮捕後の振柿供述では、川口から倉本組への報復を

指示・命令された――となっているのだった。

この供述によって、事件から三年四カ月後、川口はキャッツアイ殺人・殺人未遂事件の教唆とされ、その首謀者として共謀共同正犯の罪を着せられることになったのである。

報復の指示ばかりか、川口から犯行に使った拳銃も手渡されたという振柿の供述は、川口にすれば、およそあり得ない噴飯物の内容であった。

その振柿の供述というのは、キャッツアイ銃撃事件が起きる五日前の昭和六〇年九月一八日、川口が入院中の病院を一人で抜けだして、拳銃を振柿に手渡した――というものだった。川口逮捕の決め手となった供述である。

それはこうだった――。

その夜、振柿の自動車電話に川口から連絡が入った。ちょうど振柿は運転する車を堺市翁橋のとあるスナック前に停車中のところだった。川口の用件は、

「赤松の姐さんに届けて欲しいもんがあるんや」

というもので、「赤松の姐さん」とは、酒梅組との抗争事件で大阪刑務所に服役中の二代目清勇会舎弟頭赤松國廣の留守を守る妻のことだった。

振柿は翁橋から、川口に指示された阪堺線宿院駅へと直行し、駅近くで車を停めて川口を待った。しばらくすると、川口が愛車のＢＭＷを運転してやってきた。振柿の車に気づいた川口は、ＢＭＷをすぐその後ろに付けた。

振柿は車を降り、停車した川口のＢＭＷに歩み寄った。頭を下げて挨拶する振柿に、川口は運転席の窓ガラスを下ろして、

「これを赤松の姐さんに渡したってや」

と紙袋を振柿に手渡した。

タテ四〇センチ、ヨコ三〇センチ程の白い紙袋はズッシリと重く、振柿はすぐに拳銃とわかったという。

「ええもんやからのう。勘一が取りに来たら渡してくれるよう、姐さんに伝えてくれるか」

と川口が告げると、振柿も、

「会長からも赤松の姐さんに連絡を入れといてくれまへんか」

と応えた。

川口と別れた後、振柿は西成の赤松宅へと車を向けた。川口から受けとった紙袋は、半分に折るようにして車の助手席の足元に置いた。振柿は途中で車を停めて公衆電話から赤松姐に電話を入れ、用向きを伝えて落ちあう場所を決めた。

振柿は一路、阪神高速道路堺インターから西成方面に向かって車を駆り、姐との待ちあわせ場所である阿倍野インター近くの道路で車を停めた。すでに赤松姐は先に来て待っていた。

振柿は姐を車に乗せ、そこから程近い西成区山王の赤松宅まで送る途中、

「会長からの預かりモンでおます。勘一に渡したってくれまへんか」

と、その紙袋を姐に手渡した。

それがその夜のうちに姐から奥乃の手に渡ったのは、同日白昼、東組滝本組組員による倉本組系山田組相談役狙撃事件が起き、その入院先の阪大病院に偵察に行った奥乃から、

「倉本組のモンが仰山いてます。いまなら殺れます。道具はどないなってますのや」

との電話を受けた振柿が、

「赤松の姐さんとこに取りに行かんかい」

と指示したからだった。

結局、その拳銃は阪大病院付近では使用されなかったが、五日後、奥乃が引き起こしたキャッツアイ事件で火を噴いたのだった。

以上が、川口逮捕へと至った振柿供述であったが、それはきわめて信憑性に欠けた矛盾だらけといっていい内容で、川口にすれば、あまりに馬鹿げていて話にならなかった。

虚偽の背景

まずその日、九月一八日という日は、川口が腎結石症で大阪市平野区の共立病院に緊急入院した翌日に当たった。

川口の場合、腎臓の結石が尿管に落ちてひっかかる尿管結石と呼ばれるもので、その痛みはどんなに我慢強い男でも、脂汗を流して七転八倒するほどの苦しさとされる。

川口にとって五年前からの持病で、四度目となるこのときの激痛発作は以前にも増してひどかった。川口は同居人の女性の手を借りて（彼女が川口のＢＭＷを運転）、這々《ほうほう》の体で病院へ駆けこまなければならなかった。

一七日夕の入院時は、激痛に加え、血圧も著しく降下して軽いショック状態――と、後に医師も法廷で証言したほどだった。翌一八日も同様の症状が続いて、川口はとても入院した個室（三階二〇一号室）から一歩も外へ出られるような状態ではなかった。

それを振柿供述は、一八日夜、川口が一人で車を運転し、共立病院から往復一時間以上かかる阪堺線宿院駅近くに出かけ、振柿に直接拳銃を手渡したというのだから、どう考えても無理があった。

仮にそれが可能だとしても、きわめて体調の悪い親分が無理を押してわざわざ子分に拳銃を届けに行くというのもナンセンスな話で、呼びつければ済むことだった。

それ以上にあり得ないのは、川口が振柿を通して拳銃を赤松夫人に届けさせたという供述であった。だいたい服役中の組員の妻に拳銃を届けさせるなどという行為は、親分失格、ヤクザの信義に悖ることだった。まして赤松は他組織との抗争で組のために体を賭けて服役中の身、その留守を守る妻とならば、誰よりもこれを庇護し大事にしてやらなければならない立場にあるのが組織の長である。

それを犯罪に巻きこむなど言語道断で、川口はヤクザとしての己の節義、矜持に賭けても、その振柿の虚偽供述だけは我慢ならなかった。

振柿供述の不自然な点は、当日の状況を考えても明らかだった。

同日白昼、東組滝本組組員による倉本組系組員が銃撃される事件が起き、西成区山王の東組本家付近は警察の厳重な張り付き警備が行なわれ、高速道路出口では検問が敷かれている可能性もあった。

そんな状況下、東組本家の斜め向かいに位置する赤松宅へ、堺からよりによって拳銃を届けさせる必要がいったいどこにあるのか。

そんな甚だ合理性に欠けた馬鹿げた虚偽供述を、振柿はなぜしなければならなかったのか。

警察によって弟・政の生殺与奪権を握られ、ガッチリ首根っこを押さえられていたといっていい振柿は、誰よりも苦しい立場にあったのだ。

振柿はなんとしても弟の身の安全を守りたかった。奥乃の逮捕現場に立ちあったという事実を表に出されたら、弟はどんな目に遭うか。ヤツらのあの執拗で陰惨な制裁。

「なあ、あんたは川口の指示を奥乃につないだだけや。たいした罪にはならんのやさかい」

糸電話で耳もとに囁《ささや》き続けるかのような東川巡査部長。

何より元の親分・川口に対する恨みも大きかった。町戸や奥乃の若衆松杉らによる凄まじい私刑を受けて組を追われ、さらに町戸と奥乃にいたぶられ、金を脅しとられ続けた。すべて川口の名を騙ってなされたことだった。

ついに耐えきれず、振柿は離別した妻子のいる長崎に逃亡し、土工生活を始めた。経験のない肉体労働はつらく、プライドは傷つき、町戸らの制裁の後遺症である腰痛も悪化してズキズキ痛んだ。

振柿は町戸らの制裁で組を追われたのも、その後の町戸・奥乃の脅しも、川口の指示によるものと思いこんでいたので、川口に対する怨恨も次第に膨脹していく。

〈長崎へ逃げないかんかったんも、こんな土方に身をやつしたんも、腰痛がひどくなったんも、何もかもオヤジのせいや〉

そんな川口への恨みが、逮捕後の虚偽供述となって反映したのも確かなところだったろう。

荒唐無稽な筋書

事件の実行犯として振柿より一カ月早く逮捕された奥乃の場合、供述はクルクルと変わり、その内容もより荒唐無稽さが目立った。

奥乃は逮捕当日からキャッツアイ事件の犯行を認め、三週間後の昭和六二年三月六日供述では振柿の指示があったことを述べ、翌日は組織的犯行としてトップの川口の指示をほのめかした。

奥乃が初めて振柿の指示が「タマ（魂）取り」、つまり殺人であることを供述するのは、一カ月後の三月一四日、振柿が逮捕された（三月一一日）直後のことだった。それまでは振柿から「倉本に行ってくれるか」と報復を指示されたとの供述だけで、明確にタマ取りであることは述べていなかったのだが、ここでは――、

「副会長が、倉本に行け、というのは、こちらが殺されているから、相手側の倉本の誰かのタマを取

れということになるのです。そのため、私は副会長に、相手はと聞くと、副会長は、倉本の組長を殺ってくれるかと言いました。（中略）

その場所はセットするから、そのセットした場所で殺ってくれ、今、手打ちの話が出ているから、その時は、本家の人間も行くから一緒について行ってくれたらええ、二、三日後にセットするから、その場で殺ってくれたらええと言うのです。

私は副会長からこの様に言われ、東組本家と山口組の直参の組とが、手打ちの打合わせをするという様な大それた計画を、一介の枝の組の副会長ごときがセットできるはずがないと思いましたから、ははあ、今回のわしに出されている指令は、川口会長の指示やなと思い、副会長に、これは会長の指示でっかと聞いたのです。

すると、副会長は、うん、そうや、会長の指令やと答えましたから、私は思ったとおり、この度の指令が、全部会長から出ていることがはっきりと、分かった訳です」

手打ちの席で、まして山口組幹部を殺害するなど、山口組ばかりか、仲裁に入った他組織、いや、全国のヤクザ組織を敵にまわしてしまうようなことを計画するというのは、どこの組織であれ、およそあり得ぬ話であろう。

奥乃のなかで、振柿への反感、絶縁された元親分・川口憎しの感情が、これ以上ないほど沸騰していたのは容易に想像できよう。奥乃にすれば、元親分を庇う気などさらさらなく、むしろ恨み骨髄のその名を出すことで自分の刑が軽減するなら願ってもないこと、ワシだけが無期なんぞ食らってたまるか——との気持ちになったとしても、何ら不思議ではない。

その奥乃の口から、

「事件二日前、堺市内のファミリーレストラン『イエロープレーン』において、川口から『キャッツアイへ行け』と直接指示された」

との供述が出るのは、「手打ちの席での倉本組長殺害計画」供述から五日後のことだった。

その奥乃の供述調書が作成されたのは、起訴前日であった――。

それによると、事件二日前の昭和六〇年九月二一日夕方のこと。奥乃は二代目清勇会組員の西村寿と堺市内の「花時計」の前で落ちあった。「花時計」というのは中央環状線沿いにあり、花壇が大きな時計となっている堺の名所だった。

そこから西村の運転するセドリックに乗って、二人が向かった先は堺本署近くのファミリーレストラン「イエロープレーン」であった。同店は花時計から車で一〇分から一五分ほどの距離にあり、二人が着いたのはちょうど約束の時間の午後五時だった。

すでに川口は先に店に着いて一人で待っていた。

奥乃と西村は急いで入店し、川口が待つ右側の一番奥のテーブルへと向かった。

二人が同席するなり、川口は奥乃に、

「どこも行くところがないんか」

と、「蛇がネズミを睨むような目付き」で訊いてきた。奥乃は、

「はい、必死に探してまんねんでっけど、見つかりまへん」

と応え、二代目清勇会組員今井進から受けとっていた件のメモ用紙を出した。

川口はそれを手に取り、一枚ずつ見ていった。その視線が釘づけになったのは、

《園田駅前パチンコ店二階、キャッツアイ、マネージャー桝元、都総業若衆》

と書かれた箇所だった。その用紙を手にしたまま、川口は考えこんだ様子になり、やがて、

「これは何や？」

と訊ねた。

「今井から貰ったメモでおます」

奥乃が応えるより早く、

「よし、キャッツアイ、ここに行くか。ここに行け」

と川口は奥乃に命じた。西村に対しても、

「見届け役はおまえや、奥乃と話をしておまえがついて行け」

と指示を出し、

「あとはやるだけか……」

とひとりごちた後で、

「おまえら、口だけは閉じておけ」

二人に念を押したという。その間の話しあいはおよそ一五分であった。

――以上の奥乃の供述が、川口より拳銃を受けとったとする振柿の供述ともども、川口の殺人の共謀という大きな状況証拠となってしまったのだった。

だが、その日は川口が尿管結石のため共生病院へ入院して五日目、まだ尿管に石が溜まっており、その石が少しでも動けば凄まじい激痛が起きる状態であった。病室で安静を余儀なくされていた川口が、病院を脱け出し車を運転して奥乃とわずか一五分ほどの話をするために平野区から堺まで出向くなどということは到底考えられなかった。

アリバイ

病院側の動かぬ証拠もあった。

奥乃の供述によれば、「イエロープレーン」で川口と会ったとされる時刻は午後五時。川口はそれより早く店に着いていたことになっている。

一方、共生病院の夕食は午後四時から四時半まで。夕方の検温も必須のもので、その時間も、「平均的には四時から五時までの間ですけど、平均的に言うと、四時半ごろと申し上げていいかと思います」

と、後に医師が法廷で証言している。

当日の病院のカルテは、夕食を摂り、検温を受けたことを看護婦によって確認された川口が、午後四時半ごろまで病室にいたことを示していた。

奥乃の供述に従えば、川口はそれからパジャマを外出着に着替え、ナースステーションの前を気づかれずに通り過ぎ、病院駐車場へ行きＢＭＷを走らせたことになる。

共生病院から堺本署近くのイエロープレーンまでは約一三キロの距離があり、後日の捜査復命書は、車での所要時間を四三分と報告している。はたして川口は午後五時少し前までそのファミリーレストランへたどり着くことは可能であっただろうか。

共立病院はそれほどスタッフの多くない小さな病院であり、医師や看護婦たちは、川口が何者であるかをよく知っていた。

川口が同病院に尿管結石で入院するのは三度目で、初めて入院したのはそれより二年前、曽根崎署に拘留中のときだった。

夜間、川口は背の腎臓あたりに激痛が起き、翌日、指定病院でレントゲン撮影したところ、腎臓が倍くらいに肥大していた。排尿がなければ切開しなければならないとなって、当日執行停止が確定し、初めて共立病院への入院となったのだった。

だが、このキャッツアイ殺人事件の川口に対する取調べは、それまでのものとは明らかに勝手が違っていた。一貫して殺人・殺人未遂の容疑を否認する川口に対し、捜査員の取調べは終始紳士的であったから、川口は拍子抜けする思いがした。暴力の行使も精神的威迫も利益誘導も一切なく、適正な取調べだったのだ。

そのため、起訴当日の検事調べで、検事の口から思わず、

「刑事はちゃんと調べとるのか?!」

と刑事を批判する本音が出たほどだった。

本件には物的証拠はゼロ。川口は全面否認して本人の自白もなし。決め手の証拠とされるのは、川口の事件関与を認めた振柿の捜査段階での自白調書と、奥乃の公判証言だけ。つまり、「共犯者の自白」が唯一の証拠であった。

これで川口を起訴し、公判維持することができるのか、もっと刑事たちが手練手管を講じて有力な供述を引き出してくれなきゃ困る——との検事の正直な思いが、つい吐露せしめた言葉だったのだろう。

この川口の取調検事、名を珠木栄昭といい、後年（本件より二一年後の平成二二年）、大阪地検特捜部の証拠改竄問題で大阪高検次席検事を辞任する男だった。その珠木検事が川口に、

「君がいくら否認しようと起訴する」

と冷やかに告げると、川口は、

「奥乃が逮捕された当時といまとでは、彼らの心情も違うて来とります。もう一度彼らを調べ直してもらえまへんか。そのうえで検察がどないしても私を起訴するいうんなら、公判で自分の無実を証明するだけですわ」

と、毅然と応えた。

川口の主張を、珠木検事は鼻で嗤った。

「奥乃はすでに判決が出とるんや。他の関係調書も揃っとる。君がいくら否認しようとも、無罪はあり得ない」

検事が言うように、奥乃は無期懲役の求刑に対し懲役一八年の一審判決が下っていた（控訴中）。その判決文には、

《最高責任者の会長が企画発案するとともに、兇器を調達した上、早期決行を繰り返し催促し、殺害対象者の最終決定をも行っているなど、抗し難い支配力が行使されていた》

とあった。「最高責任者の会長」とはむろん川口のことで、いわば、奥乃は判決の言う「最高責任者の抗し難い支配力」が認定されて一八年の刑で済んだのだ。そうでなければ、結果の重大性から見て、奥乃の無期懲役は免れ難かったのは自明であった。奥乃にすれば、親分を共犯者に引きずりこむことで、刑の軽減をものしたのだが、なおそれを不服として控訴していた。

「万が一、あなたが間違っとったら、どないしはりますか」

川口が問うと、珠木検事は、

「もし私が誤っていたら、潔く身を辞そうやないか」

と、きっぱり応え、関係者を再度取調べて欲しいという川口の要望にも、

「その必要はない」

とにべもなく一蹴したものだ。

こうして検事は、奥乃勘一と振柿明の供述だけを頼りに、川口の起訴に踏みきった。

この珠木検事の取調べかたがどんなものであったかと言えば——。

事件の関連で川口の内妻宅が家宅捜索され押収された写真のなかに、川口が幼ない娘を抱いている写真があった。春に東京ディズニーランドで撮ったものだった。

検事はその写真を、事件発生当時、川口が尿管結石で入院していた共立病院の院長を事情聴取した際に利用した。

それを院長に突きつけ、

「川口が動けないなどとんでもない。東京でもどこでも動きまわれる証拠やないか」

と迫ったのだ。事件は九月、撮影日が春であるのは明らかなのに、それをろくに確認させず、記憶を攪乱させる卑劣なやり口だった。

そのため、院長は検事の誘導に乗ってしまい、自分の意に反する迎合的な供述をせざるを得なくなり、後々まで自責の念に駆られることになるのだった。

殺人及び殺人未遂の容疑を否認したまま起訴された川口が、尼崎北署から神戸拘置所へと移監されるのは、逮捕三カ月後、平成元年四月六日のことであった。

六甲山中腹にある神戸拘置所は寒冷地で、尼崎市街では散り果てていた桜も、当地では数輪咲き始めた程度の一分咲きでしかなかった。

この日から川口は、保釈逃亡中であった銃刀法違反事件による一年六カ月の受刑者となり、同時にキャッツアイ殺人事件の被告の身となったのである。

それにしても、考えれば考えるほど、元子分の虚偽供述によって陥れられ罪を着せられたという事実には我慢がならず、川口の怒りは日々抑えきれないものになっていった。しかもよりによって、カタギの娘さんを巻き添え死させるという、ヤクザとして絶対にあってはならないこと、自分の信念を踏みにじる事件の首謀者にされたのだから、その屈辱、その口惜しさ、その腹立ちは天を衝くほど大きかった。
〈本当にワシが命じたものであったなら、間違ってもそんなことにはなっとらんし、だいたい狙う相手も違っとるやろ……〉
ときとしてわが身を灼くほどの憤りが沸きたち、叫びたい衝動に駆られることもあった。
そうした折、川口が出会ったのが、「忙中閑」という言葉であった。
獄中でのひたむきな読書のなかで、まるでそこだけ文字が立っているように、川口の眼に飛びこんで来たのだ。
《忙裏　山　我ヲ看ル
閑中　我　山ヲ看ル
相似レド　相似ルニ非ズ
忙ハ全テ閑ニ及バズ》
川口にとって、目から鱗が落ちるような発見があった。見方を変えること、物事を長い目で見ること、相手の立場に立って考えること――これこそいままでの自分に欠けていたことではなかったのか。若さに任せてただガムシャラに突っ走ってきて、相手にも立場があることを少しも考えなかった己れ。
その転換ができたとき、自分を陥れた元配下のことも許せるようになり、胸の中を吹き荒れていた嵐もピタッと熄《や》んだ。
川口は後にこう書いた。
《この忙中閑という言葉に出逢っていなければ、私の精神は病みに病んでいたでしょう。この言葉は私に思考視野を広げてくれたと共に心の平安をもたらせてくれました。人を恨むことからは何んの解決も得られない、心を腐らせるだけ。赦すことからこそ、道も開かれるのだ、と前向きな姿勢で臨める人間へと成長させてくれたと思います》

そうや、奥乃も苦しかったんや――と、川口は思い直さずにはいられなかった。

川口が城東署から尼崎北署へ移送されたとき、偶然にも留置場は二年前に奥乃が入っていた房と同じになった。その時分から勤務している留置管理課員が、川口にこう教えてくれたものだ。

「奥乃の取調べはひどいもんやった。帰房のときは立つことさえままならんかったで」

奥乃が捜査員たちにどれほど拷問のような取調べを受けたことか。自らも何度も経験した川口には、容易に想像がついた。

振柿とて同様であったろう。加えて振柿の場合、実弟の政の安全を警察に人質にとられているも同然であった。

政に全面協力させて奥乃の逮捕にこぎつけた警察は、振柿に対し、取調べに協力的でなかったら弟の件を奥乃や組の者にばらす、弟の身の安全は保障しないと脅していたのだ。

次第に追いつめられた振柿が、警察の見込み捜査の筋書き通り、取調官の誘導のままに川口関与を創作せざるを得なくなったとしても無理からぬ話だった。

後に、この振柿に関する事実を知ったとき、真っ先に動いたのは、二代目清勇会舎弟頭の赤松國廣であった。赤松は拘置所の振柿に面会し、

「清勇会のお礼参り云々はあんたの誤解や。弟の安全は責任を持って保障するさかい、真実を述べたってや」

と説得したのだ。

赤松の申し出にも、半信半疑の気持ちが拭えなかった振柿は、弟をこっそり面会に呼んでその旨を

確認すると、政からは、

「うん、そら間違いおへん。赤松はんと話はついとる」

との返事が返ってきたので、振柿はようやく弟の身に危険が及ぶ懸念のないことを確信したのだった。さらに政から、

「ワシからも頼む。兄貴、ホンマのことを話したってや」

と諭され、振柿にはもう怖れるものはなかった。胸のつかえが降り、完全に吹っきれた振柿は第一回公判で自白調書にあるそれまでの供述をすべて覆し、川口の関与はなかったことを証言したのだった。

使用者責任の問題

このキャッツアイ事件が一躍注目を集めるようになったのは、平成四年七月、被害者の母親が民事訴訟を起こし、二代目清勇会会長川口和秀に対し使用者責任を求め、一億一〇〇〇万円の損害賠償を請求して神戸地裁尼崎支部に提訴したことにもよる。


遺族が組長の使用者責任を問うた初のケースとして、

「ヤクザは自分たちのことを、義理と人情の社会に生きると言っている。その組織を統率する組長が組員の罪を償うのは当然」

と新聞が母親の言葉を紹介するなど、各メディアも大々的にこの事件を報じるようになったのだ。

暴力団抗争の巻き添えで亡くなった娘の母親がひとり、

「娘奪った暴力団許せぬ」

と敢然と暴力団に挑戦――といった「母親vs暴力団」という構図のキャンペーンを張ったのだった。

もとよりこの事件を知り、女の子の巻き添え死を知ったとき、川口も胸を痛め、奥乃に対して激しい怒りを沸き立たせた。そのターゲットの選定といい、その襲撃のやりかたといい、カタギの娘さんを巻き添えにしたことといい、そこには、川口のヤクザとしての生きかた、信念、信条の片鱗すら反映されていなかったからだ。

とはいえ、元の子分がやったことである。いくら自分が一切関与していないとはいっても、道義的責任は免れない――と、川口も肚を括った。冤罪であれ仕方ない、女の子を死なせてしまったのだ、たとえ無期懲役になろうとも黙って服役しよう、という気持ちになっていた。

その女の子の母親から、民事訴訟を起こされたとき、四〇〇〇万円を支払うことで和解したのもそんな気持ちからだったが、当初は川口も、その理不尽さに納得いかず、

「やってもおらんことをなんでそないなことせないかんのでっか」

と、弁護士に訴えたこともあった。

が、最終的に和解に応じた決定的な理由は、その民事訴訟の被告として、川口とともに東組本家総長東清の名があったからだった。

「いくらなんでも総長の極道人生に汚点を残すわけにいかん」

と川口は原告の母親側に対し、

「東清の名を外すんやったら、和解してもいい」

と申し出たのだ。すると、相手側もそれを了承し、東清の名を取り下げた。

かくて平成六年五月二一日、裁判所からの和解勧告を受けて、被告人川口が巻き添え死した女の子に対する賠償として四〇〇〇万円を母親に支払うことで、和解が成立したのだった。

自分たちの抗争の巻き添えで、将来ある一九歳のお嬢さんを死なせてしまったのだ。そのお母さん

が深く哀しみ、嘆き、果てに、

「暴力団を許せない」

と憤るのも、もっともな話であった。

いくら親分である自分の意に反して暴走した元の子分の仕業であり、自分には与り知らぬこと――といっても、それでは世間に通るまい、ここは無期になろうと、二〇年になろうが、黙って判決に従い刑に服すのが自分のつとめであろう――というのが、当初の川口の偽らざる気持ちであった。

ところが、裁判が始まり公判を重ね、時が経過するにつれ、川口の耳に、複数の関係者から驚くべき情報が飛びこんでくるようになった。それは川口を陥れるためにいかにでっちあげられたものであるかを示す、事件の裏の裏、内幕ともいうべき内容であった。

まず最初にそうした情報を齎《もたら》してくれたのは、川口のところの若者の一人と友人関係にある武石という、川口もよく知る男だった。たまたま武石は川口と同じ神戸拘置所に在監中であったのだ。

その武石から、川口はある日、手紙を受けとることになる。そこに書かれていたのは、川口が初めて知る衝撃的な内容であった。

事件は、当時、その立法が論議の俎上に載せられていた暴対法（暴力団対策法）の格好のアドバルーンとして、警察、検察、弁護士会、ライオンズクラブなどがスクラムを組んでトップの犯行に組み立て、川口がその生贄に仕立てあげられたものであるということ。

被害者の女の子は、狙撃された「キャッツアイ」マネージャーの倉本組組員桝元及び舞鶴市の東組系原組組員とは三角関係にあったこと。そのため、「キャッツアイ」桝元の情報は被害者から恋人の原組組員に齎され、そこから知人の組員を通して、二代目清勇会組員の今井、さらには奥乃へと伝わったのだという。

武石がこうした事実を知ったのは、会社の顧問弁護士からの情報であった。それは確かに「暴力団と闘う市民の代表――被害者の母」というキャンペーンを張るメディアにすれば、甚だ都合が悪い話であったろう。

むろん被害者の交友関係は、警察も当初から摑んでいたことで、川口との面会のため東組系中島組長とともに神戸拘置所へ訪ねてきた東組系原組長からも、川口は、

「キャッツアイの事件は、当初、原組へ捜査が入ったんやで。うちの組員と被害者が交際してたからなんや」

と教えられることになるのだった。

デタラメな捜査

関係者から事件の裏や内幕を知らされるにつけ、川口は納得がいかず、怒りを覚えた。自分のでっちあげ逮捕が何を意味していたのか。その真相を知ったとき、川口は黙って判決に従う気にはなれなくなった。

事件の首謀者と捏造され、暴対法の立法・施行に向けた警察権力の打ちあげ花火として利用され、自分がそのスケープゴートとして格好のターゲットにされたということ。そんな不条理を甘んじて受けいれるわけにはいかなかった。

まして暴対法云々となれば川口一人の問題ではなく、ヤクザ界全体にも関わることではないか。次第に川口のなかで激しく燃え盛ってくるものがあった。それこそは持ち前の闘争心というものであった。

川口にとってより決定的だったのは、川口を取調べた尼崎北警察署刑事第二課暴力犯係の大戸正義

という刑事が、警察を辞めた後で、大阪拘置所へ面会に来て、

「捜査の過程でどれだけでたらめなことが行なわれていたか、法廷に出て証言してもええです」

と言ってくれたことだった。

それが平成一〇年八月一一日のことで、すでに起訴から八年経った平成八年二月、川口は神戸地裁尼崎支部から懲役一五年を言い渡されていた。犯行に使用された拳銃など物的証拠はなく、奥乃と振柿の供述だけで有罪とされたのである。しかも、振柿は川口の裁判に証人出廷し供述を翻し、川口からの指示は何もなかったことを証言していた。が、裁判所はそれを信用できないと判断し、密室で作成された供述調書のほうを採用したのだった。川口はただちに控訴した。

元捜査官の大戸は、川口の取調べを担当した一人として、当初から首を傾げるような事態にぶつかることが少なくなかった。

たとえば、川口が子分の奥乃と西村とをファミリーレストランへ呼び出したうえで、奥乃の持っているメモを見て、

「よし、これ行け！」

と、キャッツアイへの襲撃を命じ、西村には見届け役を指示したという奥乃の供述など、その最たる例だった。

長年、暴力団捜査を担当してきた大戸にすれば、抗争の最中、当事者の組織の長がそんな行為に及ぶなど考えられず、あまりに漫画的としか思えなかった。

しかも、その奥乃の供述調書は、他のそれとは違って、立会い筆記人である東屋浩司司法巡査が筆記したものではなく、東川明大巡査部長の筆記による調書であった。

疑問に思った大戸が東屋に訊いてみると、

「いや、それはオレの知らんところでできてる調書やから、責任持たん。知らんで！　林元、ダブっとる。二人で作りよったんちゃうか」

との答えが返ってきた。林元とは、捜査班の班長をつとめた警部のことだった。

つまり、奥乃の起訴前日に作成されたその供述調書は、立会い筆記人の東屋が除外され、林元班長と東川の二人で作成したものであろうというのだ。

これには大戸も、

〈おかしいな……〉

と思わざるを得なかった。

それでなくても、その林元班長は暴力団事件の捜査については経験が浅く、当初から、

「川口の逮捕状を取りたい」

と言っていた人物だった。

そのファミリーレストランの実況見分調書を見ても、そんな見取り図通りの席に三人が座ったという形跡もないし、押収したレシートからも、奥乃の言う時間帯に彼らが注文したと思われるそれは発見できなかった。

川口の入院していた病院の看護日誌や「糧食検収簿」を見ても、その日、川口は三食摂っており、警察にとって有利な証拠は何も発見されなかった。大戸にすれば、不思議なことだらけだった。

振柿の供述調書にしてもひどかった。大戸は、渡里警部補が作成した振柿の供述調書に、班長の林元警部が赤線を引いているのを見たことがあった。そのうえで班長は警部補に、

「これでは共犯になっていない」

「奥乃の調書と合わせんかい」

と言っているのも聞いた。

証拠となる調書に赤ペンを入れるなど、警察官として許されることではなく、他の捜査官からも、

「あれでは警部補が可哀そうだ」

との声もあがったほどだ。

そのできあがった調書にしても、お粗末な代物だった。秘密の暴露となるような重要場面が突然出てきたり、不自然きわまりなかった。大戸ならずとも、暴力団捜査のベテラン刑事は一様に川口を共犯とすることに疑問を抱いたものだった。

嘘は被害者のため？

大戸が警察官として納得がいかないことは、他にもいろいろとあった。

当時は犯罪被害者給付金制度ができたばかりで、ヤクザ抗争の流れ弾に当たったキャッツアイのホステスの被害者の場合、その支給対象者になり得なかった。

いわゆる通りすがりとしてたまたまその場に居あわせたのではなく、ホステスとして仕事のためにそこにいる必然性があったという法の解釈だった。

「だったら、ホステスではなく、店のドラムの練習に来とったことにしよう。それやったら、被害者給付金の支給対象者になるやろ」

と捏造することを思いついたのが、誰あろう、警察だった。

そのため、キャッツアイの女性オーナーにも、「彼女のためやから」と協力してもらい、彼女はドラムの練習に来てた――という〝やらせ〟の調書ができあがったのだ。

「こんなん嫌やな。嘘の調書作るの、オレは嫌や」

その調書を取りに行っていた係長は、ボヤくことしきりであった。

「オレはいいことしとるんや。被害者のためなんや。嘘も方便や」

と、いくら自分に言い聞かせても、法を曲げている事実に変わりないのだから無理もなかった。

ともあれ、そうした調書の捏造があったり、捜査も概して杜撰で、釈然としないことばかりだった。

暴力犯係として長い間、暴力団事件の捜査を担当してきたなかでも、こんなおかしな〝帳場〟（捜査本部）は初めてだった。

やがて川口を起訴した後に、キャッツアイ殺人事件の捜査本部は解散となり、しばらくして大戸も警察官を辞め、自分で会社を設立し、事業を始めた。

捜査員が見た川口像

大戸にとって、川口はいまだかつてお目にかかったことのないヤクザであった。

取調室で取調べを受けている間も、パイプ椅子にきちんと座って姿勢を崩すことはなかった。取調べが終わって帰房した後も、他の者のように横になったり、足を放り投げたり、行儀悪い真似をするでもなく、就寝の時間まで座禅を組むように静かに座っている。

朝、出房して刑事部屋に入るときは、

「お早うございます」

と自然に挨拶し、取調室に入れば、

「お願いします」

軽く頭を下げ、終われば、

「ありがとうございました」

と挨拶して帰房する。つねに自然体であり、担当に嚙みついたり、偉そうな態度をとることも一切なく、その言動には終始一貫していささかのブレもなかった。

取調べに対し、一貫して否認を続ける川口に、あるとき捜査本部は、ポリグラフ検査、いわゆる嘘発見器にかけようとしたことがあった。

「いいですよ」川口は承諾しながらも、「これ強制ですか?」と一応、担当の捜査員に訊ねた。

「うん、強制や」

ガッシリとした体格の係長が応えた。

「ホンマに強制ですか?」

「おまえ、それ、どういう意味や?!」

係長がジロッと川口を睨んだ。

同じく川口の取調べを担当していた大戸は、そのやりとりに、

〈いらんこと言いよるなあ、こいつ……〉

と同僚の態度に呆れ返った。ポリグラフ検査が強制であるはずがなく、川口がそれを知っている様子なのは明白なのに、強制ということで押し通そうとするのだから、

〈ああ、こんな調べしとったら、調べられるもんも調べられへんわなあ〉

と思うしかなかった。

どう見たって、被疑者である川口のほうが毅然としており、不細工なのは自分らのほうやないか
——と苦笑せざるを得ないのだ。

ともかく大戸の見る限り、捜査本部は不細工で杜撰なことが多すぎた。

ファミリーレストランの「イエロープレーン」で謀議がなされたという奥乃の供述。川口は「キャ

ッツアイに行け」と奥乃に命じ、西村寿には「見届けせい」と指示したというのだ。

その供述によって川口を捕まえておきながら、西村を逮捕しないという奇怪さ。

それは捜査本部でも揉めに揉めた。

「何で西村を捕まえんのや？　これ、奥乃の言った通りやったら共犯やないか。逮捕もせんと、どうやって取調べるんや⁈」

と西村逮捕を主張する捜査員に対し、

「いやいや、そんなのええねん」

と林元班長。

「何や、それは。ほなら、どうやって川口を詰めるんでっか」

捜査員たちからは疑問や不満の声がひとしきりあがったものだった。

そうした捜査班の迷走を尻目に、取調べを受ける川口の態度や言動は終始一貫変わらなかった。

「私も組織の長として娘さんが亡くなったことには、道義的責任を感じてますが、一切関与はしてません」

大戸は川口の人となりや身辺を調べるため、二代目清勇会本部のある大阪・堺へ赴き、その近辺や関係者の間を聞きこみにまわったことがあった。

大戸が驚いたのは、カタギの人たちから川口の悪口や批判的な声がひとつも聞こえて来ないことだった。そんなヤクザも珍しかった。

結局、少なからぬ捜査員が川口を共犯とすることに疑問を持ち、はたして起訴できるのかという空気も漂うなか、川口は起訴され、裁判となった。

公判では振柿が証人に立ち、供述を翻す法廷証言をしたにも拘らず、裁判所は、

「配下の者が、親分に刑事処分に及ぶような不利益な供述をするのは命がけの勇気がいることだから、それ自体すでに真実性を担保する」

と判断し、川口に懲役一五年の判決を言い渡したのだ。逮捕・起訴から八年後のことだった。

大戸は警察を辞めてからも、川口の事件のことはいつまで経っても忘れられようもなく、モヤモヤした気分が抜けなかった。

「これでええんやろか」

との葛藤があり、自分に対して納得がいかなかった。

自分が担当した事件のなかでも、あれだけ杜撰でごまかしが見え隠れする捜査・取調べというのも、かつてなかったことだ。どう考えても川口を有罪にできるような証拠は何もなく、奥乃の供述にしても虚偽であるのは見え見えであり、問題は誰がそういうふうに持っていったのかということだった。

それを川口という男は、「うん」と認めれば一五年で出所できるのに、一〇年経ってもまだ否認したまま、

「そんなもん、してないものはしてないんやから、何十年かかろうともオレはしてないとしか言わん」

と、断固闘う姿勢を貫いているではないか。

〈それなのに、このオレは……あの川口氏の態度と比べたら、黙ってることのほうがよほど罪なんちゃうかな。しかも、いま、オレは警察辞めとるし、自由に喋れるやんか。いま喋ったから言うて、警察辞めろとは言われへんやろ、もう辞めとるんやからな。あんだけおかしいなと思ったことをそのままにしとくのは嫌やし……オレはどうにも納得がいかない。自分自身に対して納得がいかないんや。せやから、川口氏のために喋るんやない。このオレのためや……〉

大戸は川口に対し、奥乃の逮捕・供述から川口に司直の手が伸びるまでの間、いったい何があったのか、捜査本部は何を行なったのか、その捜査の内幕はどんなものであったのか、洗いざらい打ち明けようと決心していた。

〈そのうえで、オレが法廷に出て証言に立ってもいいと言おう。それがオレなりの筋――川口氏の失った一〇年に対する筋いうものやないか……いや、そんな格好ええもんと違う、あくまでオレのためや。そうしないことには、オレの気が済まないだけなんや〉

そう決断したとき、大戸はようやく長い間の胸のつかえがとれたような心境になった。

元捜査員が明かした真実

大阪拘置所へ面会に訪れてきた人の顔を見て、川口は思わず「おっ」と小さな声を上げた。

「――あなたは」

忘れもしない、キャッツアイ殺人及び殺人未遂事件の捜査本部が置かれた兵庫県警尼崎北署で、川口の取調べ担当であった捜査員の一人、大戸正義刑事その人だった。

「その節は失礼しました」

「いえ、こちらこそ。今日はどないしはったんでっか」

「私はもう警察を辞めた身です。あなたにどうしても言っておかなならんことがあって、やって参りました」

「何でっしゃろ」

大戸は縷々話し始めた。その内容は、川口が逮捕、起訴されるに至るまでの詳細で、捜査陣営の恐るべき内幕だった。川口には驚くことばかりで、それは、「ホンマでっか」「そないなド汚ない真似を……」と耳を疑うような話の連続で、その実態を多少なりとも知っているつもりの川口でさえ、警察がそこまでやるのか――唖然とするしかなかった。

「奥乃の逮捕のときも、スナックでビシャビシャに暴行加えとるんですわ。それは言い訳でけても、そのとき一緒にいた愛人のママへの暴行となると、これは訴えられたらヤバいですわ」

大戸の話に、川口はジッと耳を傾けた。

「奥乃の逮捕当日には、キャッツアイ本件の自供を得てましたんや。林元班長と東川主任刑事がその供述を温存したまま、川口逮捕へつなげるまで、奥乃を脅したり、なだめすかしたりして懐柔し続けたんですわ……」

さらに大戸は、件のファミリーレストラン・イエロープレーンにおける川口の奥乃への直接指示という捏造がどのようにして生まれたのか――その経緯を述べたうえで、

「奥乃を落としたのは、起訴前日の夜半、『このままでは無期刑は免れないど』の殺し文句が決め手になったんですわ」

と語った。

「警察のしたたかな連中にかかったら、奥乃を籠絡するのは、赤子の手を捻るようなもんでっしゃろな」

川口も大戸の話に、さもありなんと頷いた。

「川口会長の公判に、奥乃が検察側証人として出廷するとき、旭川刑務所から尼崎拘置所へ移監されたことがおましたな。あんときも東川刑事が奥乃に会いに出向いて、『おまえ、わかっとるな。偽証罪があるぞ』言うて、ブラフかけとるんですわ」

「振柿のときはどないな状況やったんでっか?」

「あれは東川刑事が振柿に対し、『おまえは川口の指示を奥乃に伝えただけや、罪には問わんさかい』と、ずっと糸電話のように耳もとで囁き続けとったんです。それが逮捕されたもんやから、話が違うやんかと振柿が荒れて、東川刑事と大揉めしとりました」

「そないなことがあったんですか」

「会長、私はこれら一連の一切合切を、あなたの控訴審で証言するつもりです」

「え?!……なんで私のためにそんな間尺にあわんことを……」

「いえ、それは会長のためやないんです。自分のためです」

「……それにしたって、なぜ私のような者に、そこまで協力してくれるんでっか?」

川口は不思議でならなかった。法廷で真実を述べるといっても、それが大戸にとって、得することが何もないどころか、マイナスにしかならない行為ではないか。

「それは……いくら班長や主任刑事の捏造とはいえ、あなたの無実を知っていながら、黙っとるいうのは、同じ罪やと思うからです。そんな自分が許せんのですわ。そんな捜査班に参加していた心の痛みというんでっか、私はそれに耐えられなくなったんです」

「………」

川口は言葉が出てこなかった。警察官にもこんな気骨のある男がおったんかいな――という感動が胸に溢れてきた。

〈そこいらのヤクザ者顔負けの義侠心やないか……〉

川口はアクリル板の向こう側に座る大戸の眼をまっすぐに見つめ、

「ありがとうございます」

深々と頭を下げた。

「控訴審の法廷で証言しても構わない」

とまで申し出てくれた元警察官・大戸正義の登場は、川口にとって、地獄に仏といってもよい一条の光明で、どれだけありがたかったかわからない。

だが、川口はその申し出を、涙を呑んで断わった。

大戸は兵庫県西宮市で公安委員会認可の警備保障会社を経営する身であった。法廷で証人に立ち、警察にきわめて不都合な証言などしようものなら、兵庫県公安委員会から認定取り消しの圧力がかかるのは目に見えていた。

それを憂慮した川口は、

「自分のために大戸さんやその家族を路頭に迷わすわけにはいかへん」

と弁護人に伝えたのだった。

大戸とすれば、それは端《はな》から覚悟のうえのことだった。法廷で証言すれば、確かにそうした圧力で会社を潰されることも考えられたし、本当のことを喋ることで自分が納得できても、決して世間から拍手喝采を浴びるような事柄ではないだろうということも充分わかっていた。

逆に、何だ、おまえは暴力団を擁護するのか――というふうに言われるのが落ちだろう。自分の不利益になることはあっても、メリットになることは何もなかった。

が、それでも構わなかった。オレは損得を考えて、こんな挙に出たのではないのだ。

刑事として自分が関与した事件で、明らかに無罪と思われる一人の人間を、一〇年も獄に追いやっておいて、さらにその状態が今後も続きそうな状況があるのに、その捜査のおかしさを知っていながら、オレは関係ないよと知らん振りする己が許せなかったのだ。そんな気持ちをずっと引きずったまま生きていくのは堪らなかった。川口のためではなく、自分のために法廷で証言したかったのだ。

警察を辞めた者の戯言《ざれごと》ととられようと、おかしいことはおかしいと言いたかった。「ええかっこしい」と言われようと、暴力団の肩を持つのかと言われても、大戸は気にならなかった。言いたいヤツには言わせておけばいいのだ。

たとえ会社を潰され、警察を全部敵にまわすようなことになっても生きていけるわ、との気概だけは持っていた。

何にせよ、自分をごまかして生きていくことだけは願い下げであった。それだけのことだった。

一方、川口は大戸によって捜査の内情を教えられ、自分の逮捕から起訴に至るまでのでっちあげの真相を知って憤りを新たにした。

〈そないなアホなことがあってたまるか。警察も検察も汚なすぎるで！　相手がヤクザなら何をやっても許されるいうんか?!〉

川口が不条理に対してとことん闘う決意をしたのは、このときであった。

思えば川口がヤクザになったきっかけも、世の不条理というものを痛感したときで、不条理との闘いこそ己の人生の原点であった。

第三章　川口和秀の極道人生

差別という不条理

川口和秀は昭和二八年七月二四日、父・川口龍吉、母・ハナ子の次男として大阪府堺市山田で生を享けた。

川口にとって人生最初のエポックメーキングともいうべき事件が起きたのは、堺市立福泉中学校へ入学して二年目の秋のことだった。

その日、学校から数キロ先にある信太山の〝血寺〟へ遠足があった。川口は同級生のＰＴＡ会長の息子と時間を忘れて道草を食い、つい帰校時間に遅れてしまう。

翌朝の朝礼で、川口は一人、担任に朝礼台に呼びだされ、全校生徒の前で罵倒され頭を小突かれるハメになる。ともに帰校に遅れたＰＴＡ会長の息子のほうは、何らお咎《とが》めなしだった。

〈なぜ、オレだけなんや?〉

川口少年は屈辱にまみれながらも、担任の仕打ちが解せなかった。

学校の決まりを破ったのだから、叱責されるのはわかる。だが、二人で同じことをやっているのに、片方だけが皆の前で怒鳴られ辱《はずか》しめられ、もう一人は何もないというのはどういうわけなのか。

その違いはどう考えても、片や有力者で金持ちの家の息子であり、一方は貧乏人の倅《せがれ》――という以外に見出せなかった。

これこそ差別ではないのか。その理不尽さに、川口少年は無性に腹が立ってきた。親が侮辱されたような気がして、なおさら許せなかった。

その夜、川口は小さな決起を敢行した。学校へ侵入し、自分の教室へシンナーを撒いて火を点けたのだ。いわば、学校に対する異議申し立てであり、少年なりの権力の横暴さへの抗議行動であった。だが、火は燃えあがらず、ボヤ程度で済んだのは、少年にとっても学校にとっても、幸いであったろう。

それでも川口少年の行為は、警察が介入する大ごととなり、担任教師の不公平さが父兄たちの間でも問題視され、教育委員会で論議を呼んだ。

父の龍吉も学校へ駆けつけて来て、職員室で校長に土下座して息子の非を詫びた。息子の目に、その父の姿は卑屈に見え、恥ずかしかった。

それ以上に、父に対し、尊大に構える校長の姿は腹立たしく、違和感を覚えてならなかった。普段、地元の名士が来校するたびに平身低頭して出迎える校長とはまるで別人のようであったからだ。

川口にとって不思議だったのは、あれほど厳格でいささかなりとも曲がったことの嫌いな父が、この一件では息子をひと言も叱責しなかったことだった。

万年二等兵が自慢の父・龍吉は、酒を飲んで酔うと、

「弱い者をいじめるな。公私混同するな」

との言葉が、必ず口を突いて出た。

この父に関して、川口には九歳のときの記憶が鮮烈であった。

当時、川口は近所に住む一歳年下の男の子と毎日のように遊んでいた。ある日、その子が女の子をいじめた。

それを伝え聞いた龍吉は、いきなり物も言わず息子の和秀を殴打した。身に覚えのない川口は、これにはいたく憤慨し、父に対し反抗的な態度をとった。父は殴っただけで、息子に何も説明しなかったのだ。

が、父の眼を見ているうちに、川口は子ども心に悟ったことがあった。父の教えは、女の子をいじめるのは卑劣な行為であることを年少の友人に教えないおまえが悪いのだ――ということだった。ただの一度として弱い者いじめをしたことがないという生涯にわたる川口の姿勢、その血肉化された信念こそ、紛《まぎ》れもなく父から身を以って教わったものであった。

その一徹で無器用な父が、ボヤで済んだとはいえ、教室に火を点け学校を燃やそうかというような大それたことをやってのけた息子を、なぜ少しも叱らなかったのか。また、見るからに傲岸不遜な校長に対し、土下座までして謝罪したのはなぜか。

後に川口は、その父の姿を見て恥ずかしいと感じた己こそ、まだ子どもで何もわかっていなかったのだな、と痛感するようになる。

川口が父から暗黙のうちに学んだのは、非は非として素直に認め、真摯に謝罪する勇気こそ男の器量なのだ――ということだった。

そして川口をひと言も叱責しなかったのは、不条理には身を賭して徹底的に闘え、ただし手段を誤るな、との無言の教えであったのだ。

その父の黙示が、川口の生きかたの原点となり、指針となって、いつまでも川口の胸の内で、赫奕《かくやく》たる光芒を放っているのだった。

どんな強大な敵であっても、筋の通らないことに屈するわけにはいかなかった。

その中学二年生の遠足事件で川口が実感したのは、この世に差別が存在するということだった。

川口は嫌でも、その二年前、小学校六年生のときに起きた事件をも思い出さずにはいられなかった。運動会の予行演習でフォークダンスを練習していたときのことである。川口の前に並ぶ校医の息子が、女子と手をつなぐことに恥ずかしがり、進行が滞った。

「はよせんかい」

との意をこめて、川口がその同級生の頭を小突いた。

すると、それを目撃した教頭が、血相を変えて川口を体育館裏へと引っ張っていった。教頭のやりかたは狂気じみていた。川口少年をとめどなく殴り続け、果てに竹刀を持ち出して激しく打ち据えるのだ。これには少年も、心底殺されるのではないかと怖れおののいた。まさかそれが貧富や社会的地位から来る差別のなせる業であるとは、知るよしもなかった。

それから二年後、同じような事件に遭遇した川口は、今度ははっきりと知ったのだ。その理不尽さ、その不条理を。

渡世入りのきっかけ

一四歳の決起は堺の教育界に波紋を拡げただけでなく、川口の人生をも大きく変えた。

この中学校放火未遂事件以降、川口は学校へ行くのを止めた。そのころ知りあったヤクザ者の尻にくっついて、パチンコ屋に出入りして生計を立てるようになった。

そのヤクザ者こそ、地元の堺・鳳に住む真崎松という男で、大阪・西成の東組総長東清の実弟・東勇の率いる清勇会の組員であった。この真崎によって川口は清勇会へと導かれ、東勇と出会い、渡世入りを果たすのだ。

ずっと学校へ行ってなかった川口が、中学の卒業式に出席することになったのは、真崎から、

「おまえ、卒業式だけは出んかい」

と強いられ、パチンコ屋へ学校差しまわしの車が来たからだった。

同じ中学校出身の真崎が、かつての担任から依頼されてのもので、卒業証書を手にした川口は、なんとも複雑な心境になった。

大阪・西成区に本拠を構える東組は、小さいながらも周辺に犇《ひしめ》く強豪組織に伍して、一歩も引かずに渡世を張り、関西ヤクザ界でも独特の存在で異彩を放っていた。

地元の堺の先輩ヤクザ・真崎を通して、川口が東組事務所に出入りするようになった時分は、トップの東清総長、その実弟である清勇会東勇会長ともども長期服役中の身であった。

そのころ、東組には二〇人ほどの組員しかいなかったが、川口の見る限り、まさに少数精鋭、彼らはいずれも質実剛健で性根のすわった強者《つわもの》ぞろいだった。

もともと東組は、〝浪花の俠客〟として一時代を築いた池田大次郎の池田組の譜に連なる組織だった。池田組で舎弟頭をつとめていた信貴久治が東清の親分であった。

その信貴が昭和三五年、国政選挙に打って出るためヤクザ渡世を引退し、信貴組を解散したことから、東清は独立して東組を結成。独自の〝七つ源氏車〟の代紋を掲げ、一本どっことなったのだった。

いわば池田組は東組の本家筋に当たるわけだが、その池田組に対し、総長東清が服役中で留守の折、レミントン製のライフル銃を撃ちこむ事件を起こしたのが、東勇であった。

総長の服役中、東勇は、池田組から、

「うちの池田親分の若衆になれ」

と迫られたのを一蹴したものだから、面子《めんつ》を潰された池田の怒りを買い、池田組との間で揉めてゴタゴタしてしまったのだ。そこで肚に据えかねた勇が「一発カマしたれ」とばかりに池田組事務所にカチ込んだというのが真相であった。

その一件を耳にした東清は、出所するなり、

「ワシの留守中、そない筋の通らん話があるか」

と池田大次郎親分のもとへ二丁拳銃で乗りこんだ。

「池田の代を継がせるか、さもなくば東は池田と何の関係もないと回状を出せ」

と迫ったのだ。これにはさすがに池田大次郎、それはできん、と突っぱねた。

結局、東組のほうから回状を出すことになり、名実ともに独立組織・東組がヤクザ界に認知されたのだった。東清・勇兄弟の際だった烈しさ、一徹ぶりを示して余りある話であろう。

東組総長東清は、曲がったことの嫌いな昔気質の一本気な親分として知られ、何よりも筋道を重んじ、筋を外すことを許さなかった。

その人生訓は、

「一メートルの道幅を歩いていても、一〇メートルの道幅を歩いていても、道を踏み外す者は自ずと外す。正しい筋を通す者は、どのような細い道を歩こうとも道を踏み外すことはない」

というものだった。

後に東組は巨大組織相手に一歩も引かずに過激抗争を繰り返し、武闘派軍団としての呼び名も高くなることで、ドン・東清も武闘派の代名詞のような存在となるのだが、反面、その素顔は情に厚く、人情味溢れた親分だった。

毎年正月には、西成区内の日雇い労働者に酒を振る舞い、正月の餅代や折詰弁当を配るなど、社会奉仕に力を入れ、

「社会的弱者や貧困者には暖かい手を差しのべ、助けなければならない」

との持論を実践するような親分でもあった。
それゆえ、「弱きを助け強きをくじく〝極道の鑑〟のような親分」と慕われ、地元西成のカタギ衆からも絶大な人気があった。

東勇という男

さて、川口が一五歳で東組の末端に連なった時分、服役中であった東兄弟のうち、先に出所してきたのは、実弟の勇のほうだった。東勇が懲役八年の刑を終え大阪刑務所を出所したのは、昭和四五年春のことである。

以来、川口はこの清勇会会長東勇を親分として仕え、西成の東組本部事務所へ部屋住みに入って、親分の勇と寝食をともにすることになるのだ。

総長の留守を守り、組織再建の使命感に燃える東勇は、一日たりとも東組事務所を空けることなく、そこで寝起きして渡世に邁進する親分であった。

個性派ぞろいの東組にあっても、東勇の圧倒的な存在感は他に抜きん出ていた。一癖も二癖もあって一筋縄ではいかない東組の面々も、勇には一様に畏敬の念を抱いて服従し、川口はそんな親分を憧憬して止まなかった。

一方で、これほど型破りで個性的な親分もいなかった。睡眠時間はナポレオン並みの一日三、四時間。どんなに夜遅くまで深酒しても朝五時には起きて自ら掃除を始めるのだから、川口たち部屋住みの若衆も寝ているわけにはいかなかった。親分とともに一階から三階までの各部屋と便所掃除を隅々まで丹念に行ない、次いで表道路、向こう三軒両隣りを掃き清めておよそ二時間。

それが終わると朝風呂へ行き、勇の背中を流すのは川口の役目だった。風呂の後は、近くの食堂で朝飯となるのだが、親分同様の丼メシを強制されて、寝不足や二日酔いの折の川口にすれば、それがどれだけ苦痛であったことか。

毎日がその繰り返しであったから、

〈いったいこの人は寝なくても平気なんやろか〉

と、驚嘆せざるを得なかった。

あるとき、川口は事務所から程近い本家（東清宅）にいる東勇を迎えに行ったことがあった。和室応接間で兄嫁――東清姐と談笑していた勇は、正座してその旨を伝える川口に、

「おお、わかった。いま行くよって」

と応えた。姐に挨拶して立ちあがった勇に従って、川口もついていこうとすると、勇が、

「ちょっと待たんかい」

と止めた。

「はい」川口がその場で待っていると、しばらくして勇が戻ってきて、

「おまえ、これ、履いとけ」

と靴下をくれるのだ。

どうやら勇は川口のために近くの店から新品の靴下を買って来たようであった。勇は川口の靴下に穴が開いていることにとっさに気づいて、そんな所作に出たのだった。

「親分……」

川口には勇の心遣いが堪らなかった。そのやさしさが心底身に染み、勇の柔和な目が川口を大きく包みこんでくれるようだった。

金を渡して靴下を買えと言えば済むことなのに、勇はそうしなかった。このとき川口は、上に立つ

者の模範のようなものを、勇から教えられたような気がした。

〈ワシはこの親分にとことんついていきたい〉

勇への憧憬が心酔に変わった瞬間だった。

東勇は川口に対し、ああせい、こうせいと口で言う親分ではなく、すべて自らが率先して動いたから、川口はその背や所作、言動を見て覚えるしかなかった。そこから学んだことは計り知れぬものがあり、後の川口の無形の財産となった。

たとえば、他組織から東組本部事務所にかかってきたクレームの電話を、たまたま東勇が直接受けたことがあった。

それは東組では川口の先輩に当たる柳沢という組員を拉致したとの電話で、相手は、

「おまえんとこの者、攫《さら》っとるんやが、この始末、どないさらすんじゃ?!」

と威丈高に物を言ってきた。

その直後、部屋中に響きわたったのは、東勇の雷のような大音声《だいおんじょう》であった。

「こらあ! 戸板に乗せて来んかい!」

これには側で遣りとりを聞いていた川口も、いまだ十五、六の少年の身の悲しさで、意味がわからず、

〈戸板に乗せてやと?……何のこっちゃろ?〉

と目を白黒させたが、その気合いや気迫には圧倒されそうだった。

続いて勇はすぐまた間髪を入れず、

「こらあ、おどれら、みな、長い懲役へ行きさらせ!」

とのカマシを入れて相手の度胆を抜いた。ツボを心得た絶妙のタイミング、その火を吐くような啖呵に、川口は唸り、子ども心に痺れてしまう。

所詮《しょせん》相手とは役者が違っていたのだ。そもそも東組事務所に電話を入れてきたのも、柳沢を拉致し、さんざん痛めつけたものの、なかなか音をあげない男を持て余してのこと。

「どないさらすんじゃ！」

と脅したつもりが、逆に勇からカマシを入れられ、思わず気圧されぎみになった。

確かに柳沢を拉致監禁して暴行を加えた相手組織のメンバーは二〇人近かった。そのうえ、さらに柳沢を戸板に乗せて（殺して）帰したのでは、それだけの面々が長い服役を余儀なくされる。そんな間尺にあわない話もなかった。

その電話の遣りとりを、床に寝転がされながら聞いていた柳沢も、阿吽《あうん》の呼吸で、

「そうや、殺して帰さんかい！」

と勇に合わせて吼《ほ》えた。

〈こら、どうしたもんか？……〉

グンと優勢に立っているはずの相手組織のほうが、進退窮まっているのだから、とんだ逆転劇もいいところだった。

そこへ勇がズバッと言った。

「ワシがいまからそっちへ行くさかい、ワシと柳沢を交換させい」

「……」

相手組織も勇に従うしかなかった。

最後は勇が相手方に単身で乗り込み、柳沢を引きとって帰って来て終幕となったのだった。

とっさに出た勇の立て引きの科白《せりふ》といい、その見事な所作といい、十五、六のヤクザ志願の少年の心をワシ摑みにして放さなかった。

川口は後に手記にこう書いた――。

《遠くから富士山を観ると素晴らしい美しさで、その美しさに憧れるが、実際富士山に登ってみるとゴミなどで汚れており失望する。が、東勇という山は登れば登るほど魅了され、独自の稜線を持ち、壮大なスケールで私を包み込んでくれた。私は生涯、この山に登り続けようと心に決めた》

新世界事件

俗に〝新世界事件〟といわれる抗争事件が勃発したのは、昭和四六年正月早々、川口が一七歳のときである。

新世界というのは、西成区山王町にある東組本部からも程近く、阿倍野橋から西に下ってくる道路を挟んだ北側、浪速区の天王寺公園西隣りの歓楽街であった。映画館や演芸場、飲食店、衣類等の叩き売りをしている店などが立ち並ぶ独特の風情のある街として知られ、何より新世界といえば、〝大阪のシンボル〟通天閣が有名だった。

その日、朝から通天閣界隈がことさら賑わっていたのは、そこで消防署の出初式が行なわれていたためであった。

同じ日の朝、通天閣の真横にある喫茶店「フジ」――。出初式とは関係のない、見るからにヤクザ渡世の者とわかる男たちが五、六人、屯《たむろ》していた。三代目山口組菅谷組系初田組の若頭橋北を始めとする同組組員たちだった。

珈琲を手にした若頭が、傍らの組員に、

「おい、いま何時や？」

と訊ねると、

「へい、もうじき一〇時ですわ」

と、腕時計に目を遣った相手が答えた。

「けっ、人を呼び出しときながら……ビビッて来れんのやろ」

若頭の言葉に、他の者がドッと笑った。

喧嘩相手を待つ身でありながら、男たちには緊迫感というものがあまりなかった。端から相手を舐めきっているのだ。

なにせ三代目山口組にあって飛ぶ鳥を落とす勢いの〝ボンノ〟こと菅谷政雄組長率いる菅谷組である。山口組でも最強軍団の一つと目され、いまをときめく菅谷組と知って、おおかた怖気《おじけ》ついてしもたんやろ――と、誰もが高を括っているのが見てとれた。

揉めたのは、昨日のことであった。かねて新世界へ食いこみ、自分たちがそこを牛耳ろうとして行動を起こした彼らの前に、立ちはだかった相手があった。誰あろう、新世界を縄張りにしている東組だった。

初田組若頭の橋北にすれば、それは最初から想定済みのことで、

「そないな者、菅谷組の敵やあらへん。捻り潰してやるわ」

と豪語し、新世界進攻に向けて行動を開始した。

その過程で、前日、たまたま新世界の街中で、東組の連中とバッタリ遭遇してしまったのだ。

「何や、おどれら、どこの者じゃい⁈　ここを東組の縄張りと知って来とるんかい？　とっとと出て行かんかい！」

新世界を仕切っていた東組本家の朝越という組員の一統であった。

「何を吐かしとるんじゃい！　ワシらは菅谷組の者や。来るなら来んかい！」

初田組若頭の橋北傘下の組員たちも、負けじと吼えた。が、彼らにとって、いつもと様子が違っていたのは、菅谷の名を聞いても、相手がひとつも怯む気配がなかったことだ。

「菅谷組が何ぼのもんじゃい！　出ていかんいうならこっちから放り出すまでや」

「上等じゃ！」

双方四、五人ずつで併せて一〇人ほどの面々が、新世界のど真ん中で睨みあった。

それでも一触即発、あわやというところでなんとか激突までには至らず、両者ともに、

「後で必ず落とし前はつけたる」

と確認しあって、その場を引きあげた。

「何い！　菅谷組やと⁈　菅谷のどこや？」

東組事務所へ戻ってきた朝越の一行から、新世界での一件の報告を受けるなり、東勇は声を荒らげた。

「初田組の若頭で、西成に事務所を置いとる橋北のとこ言うとりました」

「よっしゃ、この喧嘩、一歩も引くわけにはいかんで。負けたら明日からメシの食いあげや。よし、いまから橋北に電話を入れろ。ワシが言うた通りに話すんやで」

喧嘩上手の勇が、大塚という東組組員に知恵を授けたのは、電話では何を言われても怒らず、できるだけ丁寧に、さもビビっているふうに話せ──というものだった。

大塚がただちに初田組に電話を入れ、勇の指示通りの話しかたで切り出した。

「ワシ、東組の者ですが、若頭の橋北はん、いてはりまっか」

相手はすぐに出てきた。

「おう、何じゃい」

「先ほどの件で話しあいをしたいのですが、お会いしてもらえまっしゃろか」

「話しあいやと？　おどれら、新世界ではえらい上等な啖呵を吐いてくれたそうやないか」

「ひとつ穏便にお願いしたい思とります」

「ドアホ！　何が穏便や。ころっと掌返しよってからに。ほんなら最初から突っ張るんやないど。……よし、そしたら、明日朝一〇時、通天閣の横にある『フジ』いう喫茶店へ来んかい」

「はい、『フジ』でっか。わかりました。おおきに。よろしゅうお願いします」

作戦成功であった。

……といういきさつがあって、この日の新世界「フジ」での待ちあわせとなったのだった。

相手はまんまと勇の作戦に引っかかって、自分たち菅谷組の名に怖れをなした東組が、戦う前に白旗を掲げて来たとしか思っていなかった。そんな油断のある相手に対して、奇襲が吉と出る公算は大きかったろう。

が、それでも敵は天下の菅谷組である。何が起きるかわからず、必ずしも勝てるとは限らなかった。ましてて兵隊の数からいけば、菅谷組のほうが東組の数十倍もの勢力を誇っていた。

いくら怖いもの知らずの武闘派・東組といえ、菅谷組が強大な敵であるのは厳とした事実だった。

そしてどんな強敵であれ、喧嘩となれば、つねに自ら先頭に立ってきたのが、東勇であった。

この日の菅谷組初田組との喧嘩も、勇が現場へ乗りこむ戦闘指揮官をつとめた。それに同行する面々は、桜井、大塚、森下、朝越の四人に加えて、最年少の一七歳の少年・川口であった。川口にとって、いわば東組における初陣といってよかった。

初めての抗争事件

川口は現場へ急行する前、事務所のスチール机の引き出しから、新品の自動式二二口径拳銃を取り出し、懐に収めた。

川口が親分の勇から口で教わったほとんど唯一のことが、拳銃に関する教えであった。拳銃の分解掃除のときは決して銃口を人に向けてはならないこと。拳銃は極力撃たぬようにするべきだが、どうしても撃たねばならぬ場面になったときには、必ず相手の足を撃つこと。

「足以外撃ったらあかん」

勇は川口に厳しく注意した。

さて、当日朝、約束の時間が迫り、桜井正友の運転する乗用車に、勇以下六人が乗りこんだ。一行は一路、新世界の喫茶店「フジ」へと向かった。

――午前一〇時、勇たちを乗せた車は、「フジ」の前に着いた。

ドライバー役の桜井を一人運転席に残して、他は全員が車を降りた。そのうち、勇、森下、朝越が外で待機し、店内に入って橋北を連れ出す役目を担ったのは、川口と大塚の二人であった。

二人が扉を開けて入店すると、入口付近に、明らかに極道と思しき連中が二つのテーブルを占領して座っているのが目についた。人数はこちらと同じ六人。初田組の橋北若頭以下、同組員たちだった。

彼らは入店してきた二人に一斉に目を向けてくる。

川口と大塚はあくまで低姿勢を崩さず、

「橋北さんいうんはどなたですか」

と腰を折って訊ねた。

「おう、ワシや。おまえら、遅いやないかい……」

ふんぞり返っていた橋北が応えるより早く、川口と大塚が行動に移した。二人は橋北に突進するなり、右と左からその脇腹に拳銃を突きつけたのだ。

「な、何を……」

予期せぬ事態に、橋北は声を呑んだ。

「表に出んかい」

二人に言われるままに、橋北がソファーから立ちあがり、店の外へと歩いていく。川口と大塚とによって後ろから腰に拳銃を突きつけられたままだった。

これには橋北の配下たちも、相手のあまりの素速さに呆気にとられ、動く間もなかった。三人が店を出るや、初めて我に返ったように彼らもその後に続いた。

店の前には、エンジンを掛けたままの車が停まっていた。運転席には桜井、車の前には東組の三人が待機している。

「乗れ!」川口と大塚が橋北を車に乗せようとしたところで、そうはさせじと橋北が拒み、激しく抵抗しだした。

それを見た橋北の配下たちも、親分を助けようと駆け寄ってくる。その前に立ちはだかる東勇、森下、朝越の三人。たちまち両者の間で、揉みあい殴りあいの攻防が展開される。

その間、川口と大塚は橋北を強引に車の中へ押しこんだ。二人は後部座席で橋北を両方から挟みこみ、押さえつけようとするのだが、橋北も攫われるという恐怖心から必死に暴れ、もがいた。車外へ逃れようと死にもの狂いの抵抗を見せるのだ。

埒《らち》が明かないと見た川口は、手にしていた自動式二二口径の拳銃を橋北の太股に押しつけた。引き金を引くとパンと鈍い破裂音がして、弾丸は橋北の太股を貫通した。

それでもなお橋北の抵抗は止まなかった。唸り声と形相も凄まじく、川口の手から拳銃を奪いとろうと、その銃身を摑んで来た。火事場の馬鹿力よろしく、もの凄い力だった。

だが、川口は冷静に対処した。素速く拳銃の安全装置を掛けたのだ。そのうえで拳銃を奪われまいとして、狭い車内で川口と橋北はしばらく揉みあいとなった。車のドアはずっと開けっ放しになっていた。その様子を見た森下が、とっさに加勢に入った。手にした包丁で、拳銃を握る橋北の手に斬りつけたのだ。

たまらず橋北がその手を離した。その瞬間、パッと拳銃を取りあげたのが、東勇であった。勇は安全装置を外すや、橋北に向けて何発か威嚇発射した。

ここに至って、ようやく橋北がおとなしくなった。

太股を撃たれ、さんざん暴行を加えられてぐったりとなった橋北を乗せた車は、堺市天神の清勇会事務所へと向かっていた。

東勇が自ら車を運転し、助手席には森下、後部座席には川口、大塚、朝越の三人が橋北を押さえこむようにして乗っている。

桜井が新世界に残ったのは、勇が発砲した際、車のタイヤをも撃ち抜いて後輪がパンクしてしまったからで、彼がその後始末を引き受け、他のメンバーは車を乗り換えて堺へ向かったのだった。

「あれっ、親分、どないしはったんでっか」

事務所に着くや、右脚の治療を始めた勇を見て、皆が驚きの声を挙げた。見ると、右ふくらはぎからの出血もひどかった。

「撃たれはったんでっか?」

「うん、そのようや。ふくらはぎ貫通しよったわい」

「親分、それでここまで運転しなはったんでっか？　なんちゃうムチャを！」

「いや、たいしたことあらへんがな。さっきの川口の撃ったんが、ワシにも当たりよったんや」

「えっ、それはおまへんで」

川口は車内でしっかりと相手の太股に銃口を押しつけて撃っているので、間違ってもそんなことはあり得ないとの確信があった。

「ほうか……ふーむ、ほなら、どないなっとるんやろのう?」

勇も首を傾げた。

真相は勇が撃った銃弾の反射弾が、本人の右ふくらはぎを貫通したというところだった。

それにしても、その負傷した脚で新世界から堺まで車を運転して、誰にもそれを気づかせないというのだから、なんとも突破というか剛の者であった。そんな男が留守を預かる組織とも知らずに喧嘩を売った相手こそ、身の不運といわねばならなかったろう。

別件余罪

結局、この新世界事件で、東勇は懲役三年、川口は懲役一〜二年の不定期刑の判決を受け、姫路少年刑務所に服役することになったのだった。

その服役中、川口は別件余罪で大阪府警阿倍野警察署へ引き戻される羽目になる。新世界事件の保釈中に引き起こした傷害致死事件が発覚したためだった。

川口の一七歳という年齢からすれば、保釈というのもおかしな話で、本来なら警察署から大阪少年鑑別所に身柄を送致された後に大阪家庭裁判所の審判を受けて中等少年院送致となるのが一般的であった。

ところが、川口の関与した新世界事件は少年犯罪の域を超えており、中等少年院への送致程度では罰が軽すぎるというわけで、成人並みの公開裁判が適当と判断され、検察庁送致となったのだ。そこで、川口の身柄も少年鑑別所から拘置所へと移監され、大人同様、保釈が許されることになったのである。

事件が起きたのは、保釈で出て数日後のことだった。清勇会の身内が、他組織のグループと些細なことから揉め、多勢に無勢で袋叩きにされてしまうのだ。

川口たちは数日を要して相手方を捜しだし、うち三人を拉致し痛めつけて報復をなしとげた。が、そのうちの一人が、そのとき受けた刃物の傷がもとで入院後死亡してしまう。刺すつもりがなかったのに、川口側の一人が興奮状態のあまり、つい知らぬ間に相手の胸を突いてしまい死に至らしめたというものであった。

この傷害致死事件が別件余罪とされ、川口は新世界事件で服役中の姫路少年刑務所から大阪府警阿倍野警察署へと引き戻され、取調べを受けることになったのだった。

そんな留置場暮らしが始まって、何日経ったころであったろうか。夜中の二時ごろ、「ドシーン！」「ガシャーン！」というけたたましい物音が聞こえてきて、川口は目が覚めた。

〈こんな夜中にいったい何事や？……〉

どうやら刑事部屋からのもので、机や椅子のひっくり返る音、ガラス窓の割れる音に違いなかった。酔っぱらいがえらい派手に暴れとるのう、まあ、じきに収まるやろ——と思っていても、騒ぎはなかなか収まらず、その張本人は留置場へ入ってきてからも、騒ぎたてている。堪りかねた川口が、

「こらあっ！　みんな寝られへんやないけ！　静かにさらせ！」

と怒鳴りつけた。てっきり「何じゃと！」との応酬が始まるものと、他の者が固唾を呑んで様子を窺っていると、案に相違して、それきり大トラ男はピタリとおとなしくなった。

翌朝、川口が取調べのため刑事課へ赴くと、部屋は奇麗に片づいてこそいたが、窓ガラスが悉く割られており、夜中の男の暴れっぷりがひと目で見てとれた。

間もなくして刑事課に、ヤクザ者と思しき二人の訪問者があった。一人は初老の年配、もう一人が

壮年のバリバリであった。

二人の登場に、奥の席から刑事課長が先に立って出迎えているのが、強く川口の印象に残った。年配の男には、刑事課長をも圧するような貫禄があった。

「あの二人はどなたはんでっか?」

川口が取調係長にそっと訊くと、係長は、

「ああ、松田組の村田岩三親分と、その若者、大日本正義団の吉田芳弘会長や」

と教えてくれた。

「たいした貫禄でんな」

「ああ、そら、ええ貫禄や。村田はんは松田組初代松田雪重の腹心で、若頭をしとった男や。柔道六段でな、昔、大阪府警に柔道を教えに来てくれてたんや」

「へえ、そないな親分がなんでまた……」

「夜中暴れとったヤツがおったろ。そいつの柄受けや。鳴海ちゅうチンピラなんやが、吉田会長の若い衆やさかいな。幸せなやっちゃで。あれほどの親分に、こないに大事にされとるんやから」

「ええ、ホンマに」

川口も頷くよりほかなかった。

その鳴海こそ、後年、世にいう〝ベラミ事件〟——京都のクラブ「ベラミ」において、三代目山口組田岡一雄組長狙撃事件を引き起こすことになる松田組系村田組大日本正義団組員の鳴海清その人であった。

川口とはほんの一瞬の運命の交錯に過ぎなかったが、後に世を震撼させた大事件が、このときの男の決行と知ったとき、川口はある感慨を以って思い出さずにはいられなかった。

〈なるほどあれだけの強い親子の絆があればこそ、鳴海も命を賭してあないな挙に出たんやろ……〉

川口に村田親分や鳴海のことを教えてくれた取調係長は、なかなかに男気に富んだ人物でもあった。

その川口の傷害致死事件に対して、他に十数人の身内が関与しているにも拘わらず、

「川口、おまえが全部一人で背負っていけ」

と言ってくれるような取調官であったのだ。

それが川口には容易に信じられず、

「それならこの事件で逮捕されとる者を釈放しとくんなはれ。それが確認できたら、そうさせてもらいま」

と申し出たところ、それが通って、川口は一身に罪を背負うことになり、〝男〟になったのだった。

係長は苦笑しつつ、

「長い刑事生活のなかで、こんな処理をしたのは酒梅の四代目と川口ぐらいやど」

と漏らしたものだった。

父の死

川口は阿倍野署での取調べを終えると大阪拘置所に移監され、受刑被告として約一〇カ月、四舎四階にある少年房で暮らすことになった。

この傷害致死事件は、最終的に重過失致死という罪名に変更され、罰金二〇万円で処理された。

その陰には、東清・勇兄弟も服役するなか、東京の遺族宅まで慰藉に出向いたり、川口のために何かと奔走した東清総長の姐さんのひとかたならぬ尽力があってのことだった。事件を担当した検事からそのことを聞いた川口は、獄中から総長の姐に対して胸の内で手を合わせた。

この大阪拘置所時代の昭和四九年二月八日、川口は父・龍吉の死を知らされた。ちょうど直前に成人式の紅白まんじゅうや成人証書などを支給されたばかりのときだった。

父の死に、川口は頭を思いきり殴られたようなショックと、胸が塞がれるような哀しみを覚えた。父親の死に目にも会えない己を呪い、その親不孝を詫びるとともに、父との思い出が次から次に胸に溢れて涙がとめどなく流れた。

二歳のときに病死した母のハナ子に代わって、男手一つで兄の隆清と自分とを育ててくれた父。無器用で武骨、曲がったことが大嫌い、「弱い者をいじめるな」が口癖だった父……。

川口にとって、母の記憶はまるでなかっただけに、父の存在はことさら大きかった。

〈親父、死に目にも会えんと、堪忍したってや。せやけど、親父が身を以て教えてくれたように、法律は守らんでも、人の筋道いうもんだけは外さんで生きてくさかい、あの世から見たってや……〉

自らが選んだ渡世の宿命とはいえ、父が死んでもその元に駆けつけることもできない己が、川口にはなんとも歯がゆく無念でならなかった。

父の死から七年後の昭和五六年六月一八日、川口はたった一人の兄弟である二つ上の実兄・隆清をも交通事故で亡くしている。

隆清は大学卒業後、中堅機械メーカーに就職、やがて独立して友人と共同で不動産会社を設立した。その開業祝いの二次会へ行く途中、彼らの運転する車は対向車を避けようと電柱に激突、同乗車四人中生存者一人という凄惨な事故で隆清は世を去ったのだった。

川口はつくづく人の命のはかなさを感じるとともに、

「人の生とは？　また死とは何やろ？」

と、深く掘りさげて考えざるを得なかった。

少年刑務所で

姫路少年刑務所は、ＹＢといって、若い再犯傾向者や少年院などの体験者が服役する刑務所であった。川口はまったくの初犯での入所だった。

「おい、これに着替えんかい」

検身場で新入りの川口に対しポーンと衣服を放ってきたのは、一級生の計算夫であった。一級生というのは五級から始まる受刑者の階級の最上級、模範生として所内を一人で歩きまわれるほどの待遇を受ける身だった。

裁ちバサミを手にした、その一級生の先輩を、川口が黙って睨みかえした。部屋には誰もいなかった。

「何や、こら、それを着ろ言うとるんや」

初犯で刑務所のしきたりを知らない川口は、先輩ヅラをして偉そうに命じる一級生の態度が気に入らなかった。

〈ヤロー！　同じ懲役やないかい！〉

持ち前の反骨心がムラムラと湧きあがってくる。

川口は服を拾って右手に巻きつけると、

「ワシはおいこらやない。川口という名前があるんじゃ。川口と呼べ！」

と凄んだ。相手の眼をキッと見据えたままだった。

一級生は唖然とした顔になった。こんな新入りは初めてだった。

「何やと？……」

一級生の眼が見る間に強い炯《ひか》りを帯びてくる。

「おまえ、そんなこと言うとったら、生きて出られんど」

一級生が決定的な脅しの科白を吐いたところで、正担当が部屋の鍵を開ける音が聞こえてきた。

〝待った〟が入り、二人の決着は先延ばしとなったのだ。

その続きが再開されるのは、しばらく経った後のことだった。

食堂にいた川口に「おい」と呼びかけてきた男が、その当人であった。

他に誰もいないのを確認した川口は、金槌を二つ用意すると、一つを相手に差しだし、

「川口と呼べへんのやったら、来い！　勝負や！」

と挑んだのだ。

一級生はほとほと呆れたように苦笑し、

「あんさん、ええ根性しとるのう。負けたよ。川口と呼ぶさかい、それ、納めてえな」

と応え、事なきを得た。この一級生、一五歳のとき、殴りこんできた相手二人を殺して五～一〇年の不定期刑を科されて服役中の猛者であった。

彼は正担当からも信用されており、川口が驚嘆したのは、工場内で喧嘩が起き、正担当がまさに非常ベルを押そうとしたとき、彼がすばやく、

「私に任せてくれ」

と止め、自らがその喧嘩を抑え、手際よく内々で処理したことだった。

だが、どうした手違いからか、後に彼は、工場で二人組から襲撃されて殺されかかる事件に巻き込まれている。二人組はやおら工具で彼の顔を殴り、さらに一人がその後ろを押さえこんで、もう一人が血染めの工具をその頭に叩きこもうとした。

「危ない！」

とっさに川口が止めに入り、襲撃者を彼から引き離してどうにか大事にならずに済んだのだ。

川口も後に、その一級生から、

「済まなんだな、おおきに」

と感謝され、襲撃した側からも謝罪されたものだった。

ハンガーストライキ

川口にとって、この姫路少年刑務所こそ、「官」との闘いの第一歩を刻んだ場所となった。

川口が二級へ進級して間もないある日のこと、工場へ出役するために房で待っていると、

「こらあ、そこ！　違うやろ。違反や！」

と、担当が激しい口調で咎めてきた。

「はあ、何でっしゃろ？」

「タオルや、タオル！　場所が違とるやろ！」

規定の位置にタオルを掛けようとしていただけなのに、なぜそんな注意を受けるのか、川口には皆目わからなかった。

「何の違反もしとりませんが……」

「このヤローー！　てめえ、抗弁する気か?!　許さんぞ！」

担当は興奮し、その怒りかたも異常というしかなかった。何が何やらわからないでいる川口を口汚なく罵りだし、いっこうに止む気配もなかった。

あまつさえ、川口に掴みかかってきた。川口はそれを躱《かわ》すと、腹立ちのあまり殴りつけてしまった。

すると、それを待っていたかのように、その場に張りついていた警備隊員がどっと押し寄せてきた。彼らは川口を独房に引きずり連行していくと、ドンゴロスを被せ、殴る蹴るの連続攻撃を浴びせ袋叩きにした。

そのうえで彼らは、革手錠や拘束具で川口を縛りあげた。両手後ろワッパが三日目に前ワッパに変わったものの、その状態のままで一週間放置された川口は、その間、一滴の水さえ口にせず、絶食で抗議した。

いわゆるハンガーストライキだが、そうするしか少年には抵抗の術が思いつかなかったからだ。何ら非がないのに、あまりに横暴すぎる官のやりかたに対する川口なりの精一杯の抗議行動であり、

「たとえこのまま獄死しても信念を曲げずに闘う」

と決めたのだった。

ただ、川口の衰弱ぶりがひどかったのは、水さえ一滴も摂らないハンストであったからで、見かねた職員が川口を説得に来た。

それでも川口は頑なに耳を貸さなかった。川口の要求はただひとつ、この一件の原因を作った担当に詫びてもらうことだった。それが通らなければ、死んでも飯一粒口にしない、と決めていたのだ。

これには職員も頭を抱えこんでしまった。官が受刑者に謝ることなど、できない相談であったからだ。

その担当が川口の房扉の前に姿を現わしたのは、翌朝のことだった。彼は食器孔を開いて、何かモジモジしながら、

「こ、この前は、オ、オレの……」

普段威張り散らしていて、受刑者にいまだ詫びたことなどないものだから、やり慣れないことに舌を嚙みそうになっているのだ。

川口は苦笑しながら、

「もうええで、先生、わかったよ」

と謝罪を認め、この担当を許したのだった。

それにしても一週間、絶食ばかりか水まで絶つというのは無知ゆえの無謀さも極まれりで、落命しかねない行為であった。川口がそれを知ったのは、後のことである。

ワッパ解除後、水道水で手を洗ったときに感じた皮膚から水が吸いこまれていくような感覚は、川口がかつて味わったことのないものだった。

後日、懲罰審査会において、保安課長は苦々しい顔で、

「収容者に殴られるような職員はいない」

と吐き捨てたものだ。

結局、川口は担当に抗弁したとの理由で二週間の懲罰を下され、この一件は落着となったのだった。

土佐の夜桜銀次

姫路少年刑務所時代、川口は一人の男と出会う。心から惚れあい、生涯唯一となる五分兄弟分の契りを交わす相手だった。

名を滝下健夫といい、俠道会高知支部長・池澤望の若者であった。

別の工場にいた滝下が、川口と同じ雑居に転じてきたのは、喧嘩による懲罰を終えた後のことだった。

「……滝下健夫と申します。よろしゅうお頼申します」

滝下の挨拶は、二〇歳そこそことは思えぬほど堂に入ったものだった。

川口は滝下と初めて顔を合わせ、言葉を交わしたときから、一瞬のうちに、

〈ああ、この男とは生涯裸のつきあいができそうだ〉

と感じ入るものがあった。

それは滝下も同様だったようで、日々接していくうちに、その気持ちはより強くなっていく。

二人がシャバでの再会を約束し、兄弟分の契りを交わすまでそう時間はかからなかった。

その滝下が高知市に隣接する吾川《あがわ》郡春野の海岸で、惨殺死体で発見されるのはそれから四年後、昭和五三年三月一七日午前八時ごろのことだった。

その数時間前の深夜、地元の大阪・堺にいた川口は、滝下の妻から、緊急の電話を受けた。

滝下が高知市内随一のネオン街で対立組織の組員七、八人と遭遇して喧嘩となり、多勢に無勢で殴られ蹴られたうえ、乗用車で拉致されたというのだ。

川口はほとんど絶望的な気持ちになった。

「姐さん、そら、ヤツのあの性格や。葬式の用意しときや！　そう覚悟せなあかんで！」

滝下という男の気性を知りつくしていればこそ、出てきた言葉であった。

朝一番の飛行機で高知へ向かう手筈を整えながらも、川口は、

〈兄弟……頼むさかい、死に急ぎせんといてくれよ……〉

と祈るしかなかった。

姫路少年刑務所時代、川口が滝下とよく話題にしたのは、柳沢という先輩の東組組員がよその大組織に拉致されたときに見せた、親分・東勇の胸のすくような所作であった。

相手方から「この始末、どないするんや?!」との電話が入ったとき、東勇は間髪を入れず、

「戸板に乗せて戻せ！」

「おどれら皆、長い懲役に行きさらせ！」

とカマシあげたこと。それは見事なものだった——と。

「そら、戸板に乗せて返したら、相手も二〇人近い人間が長い懲役へ行かないかんがな。こない割のあわん話もないで。それをうちの親分は言うとるわけやな。せやけど、その切り返しのタイミングの絶妙なこと。ワシも側で聞いとって、子どもながらに唸ったもんや」

川口の話に、滝下も頷いて聞きいったものだ。

「そら、そうじゃ。タイミング外してホニャホニャ言うても、カマシにゃならんきのう」

「同じ殺されるんやったら、一人でも多くダメージを与える死にかたをせにゃいかんちゅうこっちゃなあ」

「げに、まっこと。泣きを入れるわけにはいかんき」

高知県警の刑事たちをして、「土佐の夜桜銀次」と言わしめた男が、川口の兄弟分・滝下健夫であった。

組長の池澤望が獄中にあって留守の間、滝下は抗争中である地元の大組織・三代目山口組豪友会に対して、敢然と挑むような行動をとり続けた。相手幹部の自宅に単身乗りこんで拳銃を撃ちこむなど、無謀なことをやってのけていた。

前年昭和五二年夏、俠道会高知支部長の池澤が保釈で出所して池澤組の看板を掲げてからというもの、組長の留守を守らなければならないという重圧から解放された反動からか、滝下の行動はさらに過激さを増した。

相手は天下の三代目山口組の若頭補佐をつとめる中山勝正率いる豪友会。構成員数においても組織力にしても、俠道会池澤組とは圧倒的な差があった。

だが、滝下にすれば、そんなことはまるで関係なかった。気骨のあるヤクザなら誰もがそうであるように、どんなに小さくても自分の組こそが日本一という自負があったのだ。

それでなくても俠道会は、親分・森田幸吉の、

「喧嘩は人数やない」

という考えが、組員の隅々にまで浸透していた。

まっすぐな性分で、土佐の〝いごっそう〟を地で行く滝下は、敵が巨大であればあるほど血を燃え滾《たぎ》らせる男だった。相手にとって不足なしとなおさら闘争心を燃えたたせて地元の大組織に立ち向かったのだ。

が、それは相手側にすれば、少なからず目にあまる行為であり、決して看過しておけることではなかった。

そんな「土佐の夜桜銀次」を見かねたある刑事は、何度か滝下の妻に、

「殺《や》られるから、しばらくどこかに隠しておけ」

と注意を促したほどだった。滝下の気性をよく知っている者の、自然に出てくる忠告であった。

毎月一回、堺と大阪を行き来するようになって、川口も滝下の置かれている状況を知るにつけ、その身を案じて自制を求め、最後は、

「兄弟、しばらく大阪におったほうがええ」

と強く提言した矢先の事件であった。

滝下、拉致さる――の急報に、川口は朝早く大阪伊丹空港から空路、高知へと入った。高知はすでに県警によってどこも物々しい厳戒態勢が敷かれていた。

「葬式の用意しとき！」と言った川口の予言は、図らずも適中してしまったのだった。

滝下の遺体は荷造り用の細い麻ヒモで全身をグルグル巻きにされ、海老反りに縛られていた。その

麻ヒモは首にも数回巻かれて食いこみ、左喉と顔面には数カ所、刃物で刺された傷があった。

その遺体は、他殺死体を見慣れた刑事でも、思わず、

「これはひどい……」

と声を挙げたほど無惨なものだった。

解剖の結果、死因は溺死、死亡推定時刻は午前零時ごろと判明、つまり拉致された後、二時間にわたって凄惨な暴行を受けた末の壮絶な死にざまであった。

その間、滝下はただの一回とて泣きを入れなかったばかりか、殴る蹴るとさんざん痛めつけられている最中も、

「オレを生きて帰したら、おまえらを必ず殺しちゃるき！」

と言い続けた。

ついには麻ヒモで全身をグルグル巻きに縛られ、海岸へと連れ出された。が、そこでも相手方の、

「助けてやるから、泣きを入れろ！」

との要求には肯《がえ》んぜず、滝下は突っ張り通した。

もう殺るしかない——と、決断せざるを得ないほど追いこまれたのは、むしろ相手方であったかも知れない。彼らは滝下を匕首で刺し、喉を締めあげたうえで、高さ六メートルの防潮堤上から砂浜へと投げ落としたのだ。果ては波打ち際まで引きずりこんで海中へと放りこみ、溺死させるに至ったのだった。

「……いまに見ちょれ……おまんらみんな……」

最後の最後まで滝下の口から出たのは、命乞いの言葉ではなかった。

〈なんちゅう凄い男や！　これほどの男を殺したくない……〉

いつか殺す側のほうが、敵味方の次元を越えて感動さえ覚えていた。

滝下の死は、組長の池澤望、あるいは俠道会にとっては、宝も同然の男を失ったに等しく、痛恨の思いでその事実を受け止めるしかなかったが、一方で、豪友会が受けた打撃も大きかった。

事件から二週間後の三月末までに、犯行に加わったとして逮捕された豪友会関係者は一一人にも及んだのだ。

川口には合点のいくことがあった。姫路少年刑務所時代、親分・東勇の所作に絡めて、二人でよく拉致されたときの身の処しかたを語りあい、

「同じ殺されるなら、相手方に一人でも多くのダメージを与える死にかたを」

と確認しあったものだが、まさしく滝下はそれを実践したのではなかったか。

川口は慟哭し、

〈見事な死にざまや。こんな男前もおらん。これほどの男を兄弟分に持てたことを、ワシはつくづく誇りに思う〉

と心から思ったものだ。

そして掛け替えのない兄弟分を失った深い喪失感とともに、川口の心を支配したのは、

「生まれたときは別々でも死ぬときは一緒」

と誓った兄弟分の義に殉ずること――兄弟分の無念を晴らしたいとの強い思いであった。

一片の打算もなく心底から惚れあい、心と心で結びついたたった一人の兄弟分を、これほど無残なやりかたで葬った組織に対する報復の一念。狙うは相手方のトップ――高知最大組織の組長であった。

川口は兄弟分の仇討ちを決めたその日から、高知に潜伏し、組長を暗殺する機会を窺った。

やがて市内随一のネオン街で、組長がときどき立ち寄る高級クラブの存在を知った。川口は知人の

女性に依頼してその店に勤めてもらい、情報を収集し、そこでの暗殺の可能性を探りもした。だが、いかんせん、組長の徹底した隠密行動に加えてガードがことのほか厳しく、なかなかそのチャンスに恵まれなかった。

高知に潜伏すること四カ月、計画を断念せざるを得なかったのは、当時保釈中の川口に時間は残されていなかったからだ。川口は無念の思いを抱いて高知を去らねばならなかった。

〈兄弟……堪忍したってくれ……〉

飛行機の窓から高知の海を見おろしながら、川口の胸に滝下との懐かしい思い出が甦ってくる。

背中の彫り物をたった一日で仕上げ、

「こんな我慢強い男とは出会ったことがない！」

と、鳴海清の天女を彫った大阪の彫師を驚嘆させた滝下。大阪南港から高知行きのフェリーに乗り込む滝下を見送りながら、川口も、

〈こいつ、怪物違うか?!〉

畏れ入るやら呆れるやら、感に堪えない思いでいると、デッキで手を振っていた滝下の姿が視界から突如消えた。バタッと倒れたのだが、その無茶な苦行を考えたら当然のことだった。

ともあれ、その超人的な滝下の根性には、川口も脱帽するしかなかった。

親分・東勇の決断

後年、川口はキャッツアイ冤罪事件をでっちあげられ、若者の奥乃に「そこへ行け」と命じたとして、殺人・殺人未遂罪の容疑で逮捕され、獄に繋がれるのだが、何より腹立たしかったのは、冤罪ということ以上に、自分のヤクザとしての生きかたと信念があまりに矮小化されたことであった。

もし本当に報復を決断し、仮に若衆に「行け」と命じることがあったとしても、どうしてそんな末端の、正式な組員かどうかもわからぬような人間を襲撃させるようなことをするだろうか。狙うとしたら抗争相手のトップか心臓部しかなかった。ましてやるとしても人にはやらせず、自らで決行する。

それをヤクザの本懐として己れの信念として、川口はそんな生きざまを貫いてきたのだ。それしかヤクザの行く道はない、と。

滝下のときもそうだった。兄弟分の仇として狙うのは相手のトップだけ。相手組織の組員であれば誰でもいいというわけにはいかなかった。そうでなければ、あれほどの死にざまを見せた滝下に対して失礼ではないか。

川口にとって、そうした自分の生きかたが悉く矮小化され蹂躙されたのが、キャッツアイ冤罪事件であった。

だからこそ、何十年獄に繋がれようと、己れの矜持《きょうじ》にかけても徹底して闘い続けなければならなかったのだし、勝つまで終わりのない闘いなのだった。死んだ兄弟分の滝下が、誰よりもそのことをわかってくれるだろう。

川口が親分・東勇の跡目をとって清勇会二代目を継承するのは、昭和五二年春、滝下が惨殺されるちょうど一年前のことで、川口、わずか二三歳のときだった。

川口が実際に勇から二代目の指名を受けたのは、その一年前、まだ二二歳という若さであったから、異例の抜擢であり、関係者の誰をもアッと驚かせた。普通はそんな若さでの跡目継承などあり得る話ではなく、まして東勇は四〇歳という男盛りなのだ。これには周囲の者は誰もが耳を疑い、勇の決断に対し、信じられない思いになったのも無理なかった。

川口にしても、降って湧いたような突然の話に、面喰い、

「親分、待っとくんなはれ。急にそないなことを言われても……自分はまだ修業中の身でおますがな」

と答えるのがやっとだった。

「そんなことはわかっとる。ワシが継げ言うとるんや。これ以上確かなことがあるかい」

「そない無茶なことを……」

「無茶もヘチマもあるか。これはワシの命令や」

「……ともかく即答でけしまへん。考えさせとくんなはれ」

川口は、なぜ自分なのか、戸惑いを隠せなかった。

川口を自分の跡目と決めたのは、東勇の独断であった。勇は他の誰にも相談しなかった。

並みいる兄貴分格や先輩たちをさしおいて、なぜ末子ともいえる川口が二代目なのか。しかも、まだ二十二、三という若年もいいところではないか。なおかつ、当の勇自身が四〇歳という男盛り、まだこれからというときではないか。

勇にすれば、周囲からのそうした声が出るのは百も承知のうえでの決断であった。

勇はそう心に決めると、真っ先に東組本家事務所二階に一人川口を呼んで、

「おまえ、清勇会の二代目を継げ」

と伝えたのだった。

さすがに川口もこれには驚いて、

「親父、滅相もない。駆け出しの自分が……そんなんよう貰えまへん」

と固辞したのだが、勇は、

「何言うとんねん。ワシは十八、九で親分やないか。おまえ、二十二、三にもなってやな、早い遅い

は関係あらへん」

とピシャリと言った。

勇の言うように、当人が清勇会を立ちあげたのは一九歳のときで、実兄の清とともに東組を旗揚げしたころとほぼ時を同じくしてのことだった。当初は連風会の名で発足させ、清勇会と改称したのは昭和四七年になってからである。言わずもがな、東兄弟の兄・清と弟・勇の名から採った命名であった。

勇にとって末子に当たる川口が、先輩に連れられて清勇会の前身の連風会に出入りするようになったのは、中学生のときだった。そのつど勇は、その川口の兄貴分格の若衆に対し、

「こんな子ども連れてきてどないすんねん。来さすな。連れてくるな」

と叱りつけるのだが、何度追い返しても、少年はすぐにまたやってくるのだった。

そのうちに川口は進んで勇のもとへ部屋住み修業に入り、東組本家事務所で勇と何年も起居をともにするようになるのだ。

それからわずかの間に、新世界事件を始め、川口は数多くの揉めごとや喧嘩を繰り返し、シャバにいることのほうが少なかった。

川口という男を間近で見てきて、その気性をよく知る勇が、彼を清勇会二代目に指名したのも、そこが決め手となった。

勇の見る限り、川口は喧嘩が好きで、世間でいう武闘派、いったん始まったら一歩も引かずにとことん突っ走ってしまうようなタイプだった。揉めごとを収めるのではなく、火つけ役というか、売られない喧嘩まで買いかねないところがあった。

このまま育ってくれたら間違いなく大きく伸びる男との確信があっただけに、川口のそんな性分を、

勇はことのほか懸念したのだ。

〈よし、いっそこいつを清勇会の二代目にしてしもたらどないや。親分になったらそんなバカなことせんだろ。親分は喧嘩したらあかんのや。そない喧嘩ばかりしとったら組が潰れてまう。二代目となれば、こいつも自重するようになるやろし、そこに気がついてくれるはずや〉

可愛い子には旅をさせろ——と俗諺にもあるように、勇は可愛くてならない末子に、ことさら試練を与えようという考えに至ったのだった。

もとより川口に清勇会二代目を禅譲しても、渡世を引退するわけではなく、東組総長東清の実弟として、いままで以上に東組のために尽力する肚であった。

うるさ型の兄貴分

「川口が清勇会の二代目？　何ででっか？」

勇から聞くなり、誰よりもびっくりし、果ては啞然とした顔になったのは、清勇会最古参の一人、桜井正友であった。

「あれだけはあきまへん」

とは、桜井も口にこそしなかったが、顔が正直にそう語っていた。

「うん、おまえら古い者には不満もあるやろが、辛抱したってや。桜井、おまえにはな、ワシの葬儀委員長やってもらお思とるから」

「親分、そりゃでけまへんわ」

「何でや？……」

「親分よりワシのほうが先に逝きまんがな」

「アホ、おまえ、そないなこと言うな。まあ、川口もおまえにはえらい面倒かけてきとるようやが、面倒かけついでや。これからも頼むで」

「ホンマでっせ。ひっきりなしでんがな。ワシ、あんな悪いの、見たことおまへん。親父、茨木の一件、覚えてはりまっか。新世界の事件のすぐ後でしたんやけど……」

「茨木?……おう、あったな。ヤツが豊の手伝いに行っとったときやな。五、六年前のこっちゃ」

桜井に言われて、勇もすぐに思い出したようだった。

昭和四六年、川口が清勇会の先輩組員・吉田豊のシノギを手伝うため、西成から大阪・茨木市に通っていた時分のことだった。

ある日、川口が阪急茨木駅裏のパチンコ店で遊んでいると、

「おい、アンちゃん、えらい粋がっとるやんか」

と絡んでくる手合いがあった。チラッと振り向くと、見るからに地まわりと思しきサングラス男だった。

「引っこんどれ、ボケ!」

パチンコ台と格闘中の川口は、座ったまま打つ手を止めなかった。

「何やと!　おどれ、こんガキャ!」

サングラスが怒っても、川口は相手にしなかった。

そのうちに後ろがにわかに騒がしくなったので、振り返った川口は、「おおっ!」と思わず歓喜の声を挙げた。

いつのまにかサングラスの仲間が七、八人にも増えていたからだ。

「こらあ、ガキャ、どこの者や?!」

「じゃかあしい！」

川口は立ちあがるなり、匕首を抜いた。一七歳、最も血気盛んな時分である。

一斉に一歩引いて身構える敵集団。

「表へ出んかい！」

川口が低く唸って、先に外に出た。相手集団もすぐに後ろをついてくる。

外に出るや、川口はゆっくりと、

〈一、二、三、……〉

と胸の内で数え、後ろの連中との距離を測りながら歩き出した。

「五！」

と数えたところで声を発し、後ろを振り向きざま、相手先頭の一人を頭から袈裟懸けに斬った。

相手は「ギャア！」と悲鳴をあげて逃げたかと思いきや、よほど慌てたのか、いくらも走らないうちにひっくり返った。

すさかず川口がその男に襲いかかり、馬乗りとなった。川口は仰向けの相手に有無を言わさず匕首を突き立てた。が、匕首は顔をわずかに逸れてアスファルトの路面に突き当たった。鈍い音がして、匕首は抜き身の先が折れ飛んだ。

川口から西成の事務所で事の顚末の報告を受けた勇が、先方との掛けあい役として指名したのが、桜井正友であった。

「当方の若者をエラい目に遭わせよって、どうしてくれるんや！——とネジ込んで来い」

と命じる勇に対し、桜井が、

「せやけど、親分、川口はピンピンしてまっせ。どこもイカれとる様子は見えまへんのやけど……」

と首を傾げている。

「そんなことあるかい。向こうは仰山おってな、こっちは川口一人やったそうや。構へん。それで押し通せ」

「へい、そいなら行ってきますわ」

何か嫌な予感がしながらも、桜井は茨木の相手事務所へ乗りこんでいった。

その予感は適中し、桜井を待ち構えていたのは、何十人もの殺気立った連中であった。

その何十という矢のような視線を一身に浴びながら、桜井はおもむろに切りだした。

「こちらの若い衆さんに、うちの若者がエラい目に遭わされました。この落とし前、どうつけて貰えまっしゃろ?」

桜井の話に、相手の責任者は仰天し、次いで目を剝いて怒りだした。

「――な、な、何を言うとるんや! イカれたのは当方の若者や! おい、連れて来い」

責任者に命じられた組員が、事務所の奥から張本人を桜井の目の前に連れてきた。

その姿たるや、頭から包帯でグルグル巻き、眼も一つは隠れた状態で、さながらミイラ男かフランケンシュタインの怪物という有様。

これには桜井も内心で相手責任者以上に驚いた。そんな話はひとつも聞いていなかったからだ。

が、それをおくびにも出すわけにはいかなかった。ここは親分・東勇ばりの気迫と開き直りで乗りきるしかなかった。

桜井は顔色ひとつ変えずに、その者を見遣りながら、

「ふ〜ん、それやったら相討ちでんな」

と事もなげに言い放ったのだ。捨て身の勝負であった。

「な、なんやと……」

相手は桜井の気迫に呑まれたのか、次の言葉が出てこなかった。

結局、この一件、桜井の掛けあいの見事さもあって、大事にならずに済んだ。結果的に相手方も一方的にやられたという恥を免れた形になったからだった。

それにしても、桜井の怒るまいことか。西成に帰って川口の顔を見るなり、

「ワシ、こんな話、二度といらんぞ！　もうゴタゴタするなよ」

と言ったものだ。

が、これだけでは済まなかった。その後も桜井は、突破な後輩が引き起こした揉めごとや喧嘩の掛けあいに、何度引っ張りだされたことか。

そのつど桜井は、少々厄介な掛けあいでも、うまく話をつけ、きれいに事態を収拾するのがつねだった。このうるさ型の兄貴分に対して、川口も感謝することしきりであった。

そんないきさつがあったので、勇から、清勇会の二代目を川口に継がす——と聞いて、桜井もつい、

「何で川口でっか」

との声を挙げたのだった。

生き残るための本能

東勇が生まれ育った奈良を出て、兄・清のいる大阪・西成へ来たのは、一九歳のときだった。

六人兄弟の次男である清は大正一五年生まれ、四男の勇よりちょうど一一歳上の二九歳、まだ若く血気盛んな時分であった。

勇の知る限り、兄の清は子どものころからヤンチャでワル一筋、喧嘩に明け暮れて少年院から少年

刑務所、刑務所とひと通り経て来ていた。勇はまだ物心もついていない時分の記憶で鮮明に残っていたのは、母に連れられて清の公判に行ったときのことだった。

法廷に入場して来た清は、網笠を被り、素足に草鞋《わらじ》を履き、色の落ちた紺色の寝巻きのような囚人服スタイルであったから、子ども心に大層恐ろしく、度肝を抜かれたものだ。

勇が奈良から兄・清の住む大阪・西成に出ることになったのは、大阪拘置所に拘留中の清から届いた手紙がきっかけだった。その手紙には、保釈金を出してもらいたいという無心の内容が書かれていた。

母はその手紙を読むなり、怒りだし、

「清にはお金は出さん」

と、それを放り投げてしまった。

後でその手紙を拾って読んだ勇は、兄の窮状を知って、急遽、金をかき集めて保釈金を作り、大阪へ出たのだ。そのまま保釈された兄とともに大阪・西成で暮らすようになったのである。

清はどの親分の盃も受けず、どこの一家にも所属しない一匹狼の博徒としてずっと渡世を張ってきたのだが、そのころには清を慕ってまわりに少しずつ人も集まりだしていた。死んだ酒梅組系の兄弟分の若い衆や、姐の親戚筋の男たちだった。

「機は熟したんと違いまっか。西成一の組を作りましょ」

と提言する者もいて、清・勇の兄弟が東組を旗揚げするのはそれから間もなくのことだった。

清・勇兄弟の姓である岸田ではなく、清の姐・和子の母の実家の姓の東を採っての命名であった。

姐の母の実家は大阪・松島で大手の製紙資材会社を営む名家として知られていた。が、戦後、没落し、姐の母は博徒相手の金貸しを始めるようになった。

そこで知りあった清を大層気に入り、可愛いがるようになって、

「ぜひ、うちの娘の婿はんになってや」

と二人を一緒にさせたのも、清の義母となるその女性であった。

その義母が脳溢血で亡くなったのは、清が懲役六年の刑で徳島刑務所に服役中の折のことだった。死んだ義母は金を残さなかったので、清が次に捕まったときには、保釈金も払えず、奈良の母に無心せざるを得なかった。

その兄の保釈金を作って勇が大阪へ駆けつけてきたときから、東組の歴史は始まったといってよかった。

東組の代紋を考案したのも、勇であった。最初の代紋は、岸田家の家紋の菱橘の菱を外した橘と、東家の家紋の七つ源氏車を組みあわせて、その中に東組の名を入れたものだった。

東組の代紋はその後、何度かデザインが変わり、最終的には橘も東組の文字も外して、七つ源氏車に統一された。

途中、井桁の代紋を掲げたのは、ほんの一時期、清が池田大次郎の池田組一門に連なったことがあったからだ。池田組の舎弟頭をつとめた堺の信貴組組長信貴久治の若い衆となったのである。

だが、信貴は国政選挙に打って出て落選、選挙違反で服役の身となり、信貴組を解散することで再び清の東組は一本となった。清が親分を持ったのは、後にも先にもその一度きりであった。

東組の旗揚げと同時期、兄を強力に支援するため、東組の親衛隊的な組織として勇が自ら結成した組こそ清勇会であった。

勇から、その清勇会の二代目を継げと言われた川口は、藪から棒の話に、困惑を隠せず、

「少し待っとくんなはれ」

と返事を保留していた。

「どや、決心はついたか？」

しばらく経って、勇が川口に返事を求めてきた。場所は同じ東組本家事務所二階、そこで二人きりで向かいあったのだ。

「どう考えても自分はそんな器量と違います。どうかこの話はなかったことにしとくんなはれ」

川口が熟慮の末に出した結論を述べると、

「それはできん。おまえが継ぐのはもう決まっとることなんや。これはもう動かんさかい」

勇はその返事を意にも介さず、撥ねつけた。

「親分……」

川口の困惑がさらに大きくなったのは、いまひとつ勇の真意を測りかねたからだ。

「親父、自分は生涯、親父以外の人間を親に持とうとは思とりまへん。親分が引退するときは自分もこの渡世から身を引くもんと決めとります」

川口は、清勇会二代目を継承するということが、同時に勇の引退と自分が東組東清総長の若者に直ることを意味するものと考えていた。当時の川口は、まだ東組の成り立ちや構造、清と勇の関係がどうなっているのか、ほとんど認識していなかったのだ。

「いや、おまえに清勇譲っても、ワシはヤクザを引退するわけやないんや。東組を大きゅうするため、いままで以上に働こ思とる」

勇は少し笑みを湛えながら応えた。

「そしたら、自分が清勇会の二代目を継いだら、親父と自分の関係はどないなるんでっか」

「いままでと同じや。ワシとの親子関係はひとつも変わらへん」

勇の言葉に、川口の顔はようやく明るくなった。

「実はな、ワシと総長の間に盃はないんや。親子の盃以上の関係とワシらは思とるさかいな。言うたら血の契り、一心同体や。せやから、清勇会は東組とは別組織なんやが、同心円、衛星国みたいなもん言うたらいいんかな、東組プラス清勇会が東組や」

川口には初めて知る事実であった。

それでも川口の見る限り、清に対する勇の礼儀の尽くしかたは、並みの親子関係を越えていた。そこには肉親の甘えなどみじんも入りこむ余地はなく、勇は清に対し、畳部屋ではきちんと正座し、土足の応接間でも片膝で接していた。

「せやけど、親分、親分の清勇会の跡目が何で自分なんでっか」

川口は一番の疑問を、勇に直接ぶつけてみた。

「うん、言うたら、品種改良や。おまえは強いし、ワシの持ってないものを持っとるからや。おまえやったら、ワシができないことをやってくれるやろし、この先、生き残っていけるとワシは思とる。確かに他の子と違って、川口は歳は若いし、教育を受けとらんかも知らん。せやけど、この世界、学識や経験だけでは生きられへん。一番大事なのは本能や。おまえはこの世界で生き残っていける本能を持っとるっちゅうこっちゃ」

「はあ……」川口にはわかったようなわからないような話だった。

二代目継承

勇が口には出さなくても、川口に対し、

「この子はいける」

と確信したのは、誰よりも若い身空で、目先のシノギより義というものを大事にする男であると知ったことが大きかった。

まだ川口が十六、七のころだった。大井戸という東組の古参組員が、東大阪市布施の自宅で大規模な博奕《ばくち》を開帳していたときのことだ。

その博奕場は大変な盛況で、大井戸も大層羽振りが良かった。清勇会の若衆たちもこぞってその賭場へ合力《ごうりき》として手伝いに行っていたのは、一日二〇万円もの小遣いを稼げたからだった。

だが、川口はたとえ大井戸から声をかけられ、兄ィたちから誘われても、一度としてそこへは行かなかった。

そのことを不思議に思った勇は、

「おまえは何で大井戸の盆に手伝いに行かんのや？」

と訊ねたことがあった。

川口からは、

「いえ、自分は合力がようできまへんさかい」

との答えが返ってきたが、勇の賭場で修業した川口が、合力ができないわけがなかった。

「ほう、そうかい」

勇にはおおよその察しがついたが、後に清勇会の若者から聞いたところ、

「川口は、親分以外の人間から一度でも恩を受けると、その恩に対し義理を欠かせなくなるから行かないんや言うてましたわ。無闇に義理を作りたくないんやそうですわ」

と、それは勇が推測した通りの答えであった。

事実、川口は、男として、

「受けた恩義に義理を欠くような生きかただけはしたくない」

との信条を持ち、それはそのころから徹底していたのだった。

要は親分・勇に一途に忠義を尽くすためにも、親分以外の人間には極力義理を作りたくなかったのだ。それだけ川口が勇に心酔しているという証しでもあったのだろう。

その川口が勇に激しく逆らったことがあった。

ある日の夕方、初代清勇会の事務所に立ち寄った川口が、居あわせた東勇から、シノギの指導を受け、

「川口、餅屋で酒を売るようなことをしちゃいかん」

と諭されることになったのだ。賭場にゲーム機を設置すると本業が疎かになることを、勇は憂慮したのだった。

このとき、川口は初めて勇に反抗した。

「いえ、親分、逆ですわ。ゲーム機が新たな客を呼んで賭場が栄えるんですわ」

勇にすれば、軽い気持ちの教示であり、川口にしても親分に口応えするつもりはまるでなかった。が、自分の意見を述べているうちに、つい川口もムキになり、終いには親分を怒らせてしまう。なんといっても、川口もまだ二〇歳そこそこ、思わぬところで若さが露呈した形となった。

「こらっ！　何吐かしとんねん！」

勇は怒りも露わにガラスの灰皿を振りあげ、川口を睨みつけた。

勇と川口の親子喧嘩を目のあたりにして、事務所にいた五、六人の若衆たちは狼狽し、なす術もなく立ち竦んでいた。いずれも川口より先輩組員であった。

勇が振りあげたガラスの灰皿はことさら大きく、そんなもので殴られたら川口はひとたまりもないだろう。頭は割れ、血が噴き出て、ひどい傷を負ってぶっ倒れるしかあるまい。

それでも川口は逃げようとも詫びようともせず、涙を溜めた目で勇の目を睨み返した。

「おどれ……」

灰皿を持つ勇の右手はブルブル震え、その手はいまにも振りおろされようとしていた。

誰にも勇を止めることはできず、二人は火花を散らして睨みあったまま、しばし動かなかった。まわりの音が止み、二人の吐く荒い息と、チクタクと時を刻む柱時計の音だけが聞こえる。

先に動いたのは、勇のほうだった。フッと我に返ったように灰皿を振りあげた右手を下ろすと、近くの若衆に、

「おい、誰か、川口を外へ連れていかんかい」

と命じたのだ。

勇の指示に、二人の若衆が弾かれたように川口に近づき、

「さあ、川口、出よ。少し頭を冷すんや」

と促した。これには川口も逆らう素振りを見せず、先輩に従って放心した態で事務所を後にした。

川口が親分の東勇に反抗したのは後にも先にもこのときだけであった。

この一件はその場限りのことで、川口は勇からとりたてて謹慎や禁足といった処分を受けたり、兄ィたちから注意されることもなかった。

川口にしても、勇に対して特に自分のほうから謝罪もせず、しばらくすると、何事もなかったかのように元の親子関係に戻った。

だが、勇には別の感慨があり、後々まで強く印象に残る出来事となったようだ。

自分のことは誰にも何も語らぬ勇が、そのころ、唯一、何でも率直に打ち明けていた女性がいて、彼女には、

「川口のヤツ、初めてワシに逆らいよったわい。ワシはあれに決めたで。清勇会の二代目、あれにあげよう思うとる」

としみじみ漏らしたものだ。

彼女はつね日ごろから川口のことを実の弟か息子のように可愛いがり、なにくれとなく心配してくれる女性だった。川口が彼女からその話を聞いたのは、清勇会二代目継承後のことである。

かくて川口は昭和五二年春、二三歳の若さで清勇会二代目を継承、大阪・堺で事務所開きをした。

勇は川口に、餞《はなむけ》の言葉を、こう贈った――。

「おまえはワシの目から見て、東清タイプか勇タイプかとなったら、清タイプのような気がするで。清いうんはどないもできん短気で、喧嘩したら勝たななららん、百戦百勝でなきゃいかんのや。半歩も譲らん。帰りの燃料なしにゼロ戦乗った男や。過激なんて域を超えとる。その点、ワシを短気いうのは世間の誤解や。ワシは限界まで待つし、限界を超えても謝って済むことは済まそうとするで。本来は名を取るんやなくて実を取りたいタイプなんや。ときには謝まり上手にならないかん。まして相手が非を認めて詫びてきたんなら、許してやる肚も必要や。おまえやったら、ワシができんことをやってくれるやろ。苦労させるが、頼むで、二代目……」

苦労といえば確かにその通りで、二代目清勇会の継承といっても、川口が勇からすべてを受け継ぐわけではなかった。勇の若中と盃直しをして全員が川口の舎弟や若衆に直るわけではなく、二代目清勇会は川口組時代からの若衆がそのまま主力メンバーとなった。

第四章　喧嘩の東組

やられたら、やり返す

喧嘩《けんか》はどんなことがあっても勝たなならんし、半歩も譲らない。その激しさは帰りの燃料積まんでゼロ戦乗ったような男――と、勇が指摘する東清の性格は、なるほど言い得て妙であったかも知れない。

昭和四八年、東組と三代目山口組山健組との間に勃発した抗争は、清の激昂が火に油を注いだ格好となり、凄まじい勢いで燃えあがったのだ。

抗争の発端は、鎌田、渡辺という東組組員が、大阪・ミナミの喫茶店で、山健組傘下組織の幹部とその配下組員に対し、暴行を加えた事件だった。

鎌田は図体も大きく喧嘩の強い男で、少年のころには今西組若頭狙撃事件を起こし、そのため、東勇が八年の服役を余儀なくされている。鎌田は後に、身内の東組幹部との確執から、その若衆に射殺される運命を辿った。

さて、鎌田、渡辺と山健組系幹部らとの喧嘩は、出会い頭の偶発的なもので、怪我を負わされた山健組の両人にしても、相手がどこの何者ともわからなかった。

これに激怒したのは、山健組組長の山本健一である。

「そこまでやられよって、相手がどこの者かわからんて、そんな不細工な話があるかい?!　探せ！

草の根分けても探し出さんかい！」

山本健一の号令一下、山健組はあらゆる情報網を駆使し、相手を探しまわった。その結果、半年ほどかけてようやく東組の関係者であると摑んだのだった。

さっそく山健組の相応の幹部三人が、東組本家事務所へ、俗にいうネジ込み――掛けあいにやってきた。

「うちの者に手えかけた、こちらの若い衆さんを、速やかに出してもらいたい」

「何のこってすか⁈」

実際、東組事務所責任者は、半年前に起きたそんな事件のことなど聞いてもおらず、知るよしもなかった。

「何のこってすかやと⁈　うちの者が二人、おたくの若い者に怪我させられて三カ月も入院しとるんや。手えかけた者をさっさと出せ言うとるんじゃわい！」

山健組幹部は高圧的な態度で上から物を言ってきた。

たまたま事務所の奥の衝立《ついたて》の陰で遣りとりを聞いていた東組総長東清は、これに烈火の如く怒って訪問客の前に躍り出た。

「シャレたこと吐かすな、こら！　ここをどこや思て階段昇ってけつかんのかい。帰れ！　こらあ！」

東清の登場に、ネジこみに来た山健組の三人は、驚いた様子だ。

「それがこちらさんの返事でっか。そないに受けとってよろしおまんのやな」

「そうや。とっとと帰って喧嘩の仕度をせんかい！」

「そないさせてもらいま！」

三人は憤然と席を立って西成の東組本家事務所を後にした。

ついに東組と山健組との戦端が開かれ、本格的な抗争へと発展する。

事務所前に来た山健組組員に東組が発砲し、その報復として東組系事務所が銃撃されると、東組は神戸・花隈の山健組本部事務所に銃弾を撃ち込んだ。その後も御堂筋で銃撃戦や派手なカーチェイスを展開したり、抗争は拡大した。

三代目山口組の若頭をつとめ、〝イケイケの山健〟との呼び名も高い山本健一組長率いる山口組武闘派最右翼・山健組相手に、東組は一歩も引かず、「やられたらやり返す」という強硬姿勢を存分に見せつけたのだ。

この抗争は、山口組幹部会で協議され、

「東組を壊滅させるまで戦う」

と主張する強硬派が大勢を占めた。

そんななか、

「親分が入院中の折、御心配をおかけするわけにはいかんやろ。自重すべきや」

との意見を述べる者もあり、その代表格が清水光重であった。

事実、この抗争の最中である先月九月、三代目山口組組長田岡一雄は狭心症を再発して関西病院に入院したばかりだった。

幹部会は、

「このままでは山口組の名折れや。この際、東組を徹底的に叩いてしまわな」

という強硬派と、

「いや、いまは喧嘩をやるべきではない」

との穏健派とに分かれ紛糾したが、このとき指を切断して東組との和解を訴えたのが清水光重であった。

その清水の心意気を諒として、三代目の姐である田岡文子が動いた。結局、文子姐の鶴の一声で、山口組は東組と和解し、抗争終結となったのである。

そのことを知って意気に感じた東組総長東清は、以来、清水光重を親戚として親交を結ぶようになるのだ。

その時分、〝殺しの軍団〟柳川組が数年前に解散したことで清水光重の預かりになっていたのが元柳川組の倉本広文で、東組とは旧知の間柄であった。この事件を機に、両者は一層親近感を抱き、懇意になっていくのだが、この倉本広文率いる倉本組こそ、後にキャッツアイ事件の発端となる柳原事件を引き起こした当事者でもあり、川口とは因縁浅からぬ関係となった。

東組組員を刺殺した柳原事件が勃発したとき、倉本がすぐに頭を丸めて東組本家事務所に詫びに来たり、東勇、川口が水面下で和解に向けて奔走したのも、そうした背景があってのことだった。

川口が配下に、倉本組組員の殺人を命じたとされるキャッツアイ事件なるものが、いかにでっちあげられたものであるかは、それらの事実を以ってしても明らかであろう。

ともあれ、東組が山健組を相手に戦った抗争は、昭和四八年一〇月に手打ちとなった。が、山健組と五分に渡りあったことで、武闘軍団として東組の名は、関西の関係筋に一躍知れわたったのだった。

また、〝関西の武器庫〟とまで言われたのも、このころのことであった。大阪府警の手入れによって、短銃だけでなく、ステッキ銃やペンシル銃、箱型ピストルなど多数の珍銃が押収されたからだった。

この時分には、独立当初は少数組織であった東組も、急速に勢力を拡げ、傘下六団体、組員一二〇人を数え、在阪の有力独立組織に数えられるようになっていた。

独立組織の面目

パーン！　パーン！　パーン！　パーン！

昭和五七年三月二一日深夜、大阪・堺市中野町西一丁目で、時ならぬ四発の銃声が響きわたった。東組系二代目清勇会事務所に撃ちこまれた銃弾であった。

それに対する二代目清勇会の報復もすばやかった。その一時間後の午前二時二〇分、同会組員は堺市甲斐町東一丁目の三代目山口組系桜井組内難波安組事務所を攻撃、同じく銃弾四発を放ったのだ。

カチ込みであるゆえに、どちらも死傷者はなかったが、一方の宣戦布告に対し、片方が応える形となり、両者の戦いの火蓋は切って落とされたのだ。

大阪府警は抗争事件の発生と見て、ただちに二代目清勇会、難波安組の組事務所ほか関係各所に機動隊を動員、四六時中張り付けの厳戒体制を敷いた。

が、その後も両者の間で熾烈な銃撃戦が展開され、二一日から二六日にわたって大阪や兵庫の系列事務所などへ都合一〇回もの発砲の応酬があった。難波安組側は四度の攻撃を仕掛け、計一〇発の散弾銃や拳銃の銃弾を放ち、対する二代目清勇会は、六回の攻撃で二一発、拳銃発砲しているのだ。それでいて死傷者が一人も出なかったのは、〝タマ取り〟を狙ったものではなく、カチ込みの応酬であったからだった。

この抗争事件が勃発したとき、二代目清勇会会長の川口和秀は日本を離れ、タイの首都バンコクの地を踏んでいた。この時分、川口はシノギを求めタイやフィリピンなど、海外へよく出国していたのだ。

難波安組との抗争勃発――との報告を受けて、川口が急遽大阪へ帰ってきたときには、すでに抗争は二次、三次へと拡大した後だった。

抗争の原因は、堺市の喫茶店へのゲーム機のリースを巡るトラブルであった。

「堺の喫茶店に難波安組が、ゲーム機械を二台入れていたんです。その喫茶店に他の組織がもう一台機械を入れた。で、難波安組の幹部が怒り、喫茶店の経営者を殴ってしまったんです。その経営者が清勇会に相談に来た。そこでうちの組員が和解に乗り出したんですが、難波安が突如、清勇会の事務所に銃を放ったんです」

とは、手打ち直後、東勇がマスコミに述べた弁だった。

この抗争で東組総長東清の名を高からしめたのは、その武闘派ぶりの故だけではなかった。

三月二五日午前四時、警察官が張り付け警戒中の西成・山王の東組本家事務所を、桜井組傘下の組員二人が銃撃、その場で現行犯逮捕された。

このとき、東清は、

「逮捕されるのを覚悟で乗り込んでくるとは、敵ながらあっぱれ」

と、西成署に留置された二人に二〇万円の現金を差し入れたのだ。

二人の組員は受け取りを拒否したが、さながら敵に塩を贈った上杉謙信を彷彿させる逸話として語り継がれることになる。

東清総長に言わせれば、

「お互い戦争すれば、殺るか殺られるかとなるが、それも代紋を張ってのことや。みんな組のために命を賭けるのは、あっちもこっちも同じやから」

というわけだった。

この銃撃事件の翌日、三月二六日朝八時ごろ、西宮市小松町の三代目山口組桜井組本部事務所前に、蕎麦屋の出前持ちの格好をした一人の男が現われた。

岡持ちを手にしたその出前持ちは、警戒中の警官に向かってにっこりと笑みを浮かべ、

「おはようさん」

と声をかけて、事務所へ入っていく。

警官たちは誰も男を出前持ちと信じて疑わなかった。よく考えたら、そんな朝早い出前もないものだが、なにしろいまは組の緊急事態なのだから、そういうこともあるのだろう、と。それに出前持ちには、怪しい素振りのかけらも見られないのだ。

警官たちは何ら疑念を抱くことなく、事務所の中へ消えた出前持ちの背をぼんやりと見送った。

出前持ちは桜井組事務所へ入るや、

「へい、お待ちどおさん」

と大声をあげた。

「――ん?……」

抗争中とあってピリピリしている事務所詰めの組員たちも、蕎麦屋の出前持ちの姿に、怪訝な顔になった。

「何や、誰ぞ蕎麦なんぞ頼んだのがおるんかい?」

二、三の者が顔を見合わせた。

彼らを尻目に、出前持ちが落ち着いた様子で岡持ちの蓋を開けた。蕎麦を出すかと思いきや、男が手にしていたのは一丁の拳銃であった。

事務所にいた組員たちが、「おっ!」と気づいたときには遅く、出前持ちは天井に向けて拳銃をぶ

っ放していた。

「パーン！　パーン！……」

事務所内に轟く四発の銃声。

これには表で張り付いていた警官たちも、ギョッとして色めきたった。音のした事務所に駆けこもうとしたところで、いま入っていったばかりの出前持ちが、拳銃を手に玄関から悠然と出てきた。

「おまえがやったんやな！」

拳銃を構えて油断なく詰問する警官たち。

「そうです」

男は拳銃を差し出し、その場で逮捕された。

この出前持ちに扮した男こそ、東組総長実弟東勇の若頭、後に二代目東組組長を継承することになる滝本博司であった。

滝本は保釈中の身でありながら、東組の大事に居ても立ってもいられず決行に及んだのだった。単身で事を為すために事務所を出るときの滝本の科白《せりふ》は、

「ちょっと行ってくる」

というものであった。

「うちは面子を潰されれば、たとえ相手がどこの組織であろうと、受けて立つ。そりゃ東組は山口組の一団体にも足りない人数だ。ですが、抗争には自信がある。負けはないんです。なぜなら組織が小さいから、抗争となると二回戦がない。だから組員が命を張って、一丸となって挑む。そんなところに東組が不気味と言われたり、戦闘集団と言われる理由があると思うんです」

前述同様、手打ち直後の東勇のコメントだが、双方一〇回にも及ぶ銃撃戦は、この滝本の桜井組本

部への撃ち込みが最後となった。

それから三日後の三月二九日、大阪市生野区新今里の料亭「和田」において、京都の三代目会津小鉄会理事長高山登久太郎、大阪の四代目砂子川組組長山本英貴、三代目倭奈良組組長橋本正男を仲裁人として、両者五分の和解手打ち式が執り行なわれたのだ。

手打ち式に出席した川口には、

〈安目を売らんと、やるだけのことはやった……〉

という以外、とりたてて感慨はなかった。

田岡一雄の死

激烈な銃撃戦となった東組系二代目清勇会と三代目山口組系桜井組内難波安組との抗争であったが、特徴的だったのは、東組、桜井組ともども本家がまったく動かなかったことだ。

それについても、東勇は、

「今回の抗争では、東組本家は一切動かず、静観していたんです。総長である兄が、『田岡組長が亡くなり、四代目の地位に就かれようとしていた山本若頭も急逝した。山口組は悲嘆にくれているのだから、その最中に大喧嘩をするのは極道の道に反する』という姿勢だったからです」

と述べている。

確かにこの時期、山口組にとって抗争というのは甚だ具合いが悪かった。

不世出のドンと謳われた三代目山口組組長田岡一雄が六八年の生涯を閉じたのは、前年の昭和五六年七月二三日のこと。

あたかもその後を追うかのように、若頭の山本健一が五六歳で急逝したのは半年後の五七年二月四日、この抗争よりつい一カ月半ほど前のことなのだ。

山口組は田岡三代目が逝った後、最高幹部会で、

「田岡組長の一周忌までは、喪に服し、外部との抗争を回避せよ」

と決定、傘下組織への通達を出している。その矢先の抗争なのだから、あまりに時期が悪かった。

昨年七月二五日、神戸・灘区の田岡邸で営まれた田岡一雄の田岡家葬には、東勇も東清総長の名代として出席したものだ。それは密葬として内々に身内だけで執り行なわれ、他組織からの参列はなかった。

その葬儀に駆けつけた勇の格好がひとしきり参列者の話題を呼んだのは、勇が迷彩服の戦闘服装で七五〇ccのオートバイに乗って現われたからだった。

お伴した川口もさすがに心配になり、

「親父さん、喪服を着んでもよろしおまんのか」

と訊くと、

「こんなときはな、黒い服着て黒いネクタイ締めて行ったらあかんのや。『なんや、あんさん、うちの親分が死ぬのを待ってたんでっか』言われてまうがな。こういうときは、取るもんも取らんで、普段の格好で行くのが常識なんや」

「そういうもんでっか」

「ワシら極道は命を張ってつねに戦場にいる人間なんや。そないなワシらの普段着いうたら、この戦闘服やないか。尊敬する三代目はんを送るのに、これ以上ふさわしい礼服もないやろ」

それにしても、田岡邸に駆けつけた勇の格好はひと際異彩を放って、関係者の目を引いた。

「あれは東の実弟やないか。勇ちゃんや」

「ほお、売り出すツボをようけ心得とるやないかい」

などと囁きあう者もいたのだが、何ら企みのない勇にすれば、人の目もいっこうに気にならなかった。

そのうちに、この日の葬儀の担当責任者である山口組の佐々木道雄が出てきて、玄関前の勇を見つけるや、

「おお、実弟、御苦労さんやな。親父に焼香したってくれるんか」

と声をかけてきた。

「何を言うてまんねんや、佐々木はん。さしていただかな、ワシ、帰れまへんわ」

佐々木によって田岡邸へと導かれた勇は、心をこめて故田岡三代目の霊に香を手向けた。

新大阪戦争

東組が大阪の老舗組織である五代目酒梅組を相手に過激流血抗争を繰り広げたのは、昭和五八年二月から四月にかけてのことだった。

マスコミによって〝新大阪戦争〟と命名されたこの抗争は、勃発以来、二カ月間で襲撃回数は延べ四四回、発射された銃弾は一五〇発に及び、関西一円のみならず、九州にまで飛び火し、一般市民を含む九人の死傷者を出す凄まじさとなった。

抗争の火蓋が切られたのは、同年二月二〇日未明のこと。同日午前三時三五分、大阪・西成の東組本家事務所前に、一台の白い乗用車が停まった。乗っていたのは三人組で、男たちは拳銃を取り出すや、事務所に向けて銃弾五発を発砲、そのまま逃走した。東組事務所には組員五、六人が泊まりこんでいたが、銃弾は窓ガラスを割っただけで怪我人はなかった。

ほぼ同時刻ごろ、豊中市曾根西町の東組系森田組事務所に短銃八発の発砲があり、窓ガラス五枚が割れた。同様に大阪市住吉区苅田の東組系井竜組事務所、堺市中之町の東組系二代目清勇会事務所にも合計六発の銃弾が撃ちこまれた。まさに怒濤の同時多発拳銃発砲襲撃事件であった。

襲撃された東組もすぐに反撃に転じた。それから四時間後の二〇日朝七時半、阿倍野区阪南町の五代目酒梅組系上阪組、西成区太子の同橋本組の各事務所に計六発の銃弾を撃ちこんだのだ。

また、同日朝八時半、東組系森田組組員二人が、西成区山王の五代目酒梅組系天龍会事務所を襲撃しようと事務所に近づいたところ、張り付け警戒中の機動隊員によって発見された。一人は拳銃の実弾を投げつけて逮捕され、もう一人は逃走した。

二月二〇日の未明から朝にかけて、わずか四時間の間に、東組と酒梅組との双方で合計九カ所、三〇発の銃弾が西成を中心に関西のあちこちで飛び交い、事務所の窓ガラスを割り、壁に穴を開ける結果となった。一発の銃声が、連鎖反応式に次から次に轟然と銃口から火を噴かせたのだった。

大阪府警の反応はすばやかった。第一報が入った二〇日午前三時四〇分ごろには、即座に暴力団同士の抗争事件勃発との見解をとり、西成署に捜査本部を設置し、機動隊員ら約五〇〇人を動員して厳戒体制に入った。時を同じくして、東組、酒梅組両団体関係事務所に張り付け警戒の処置をとることにしたのだ。

それから約一五時間後、両組織の抗争は、奈良県大和郡山市に場所を移した。二〇日午後一一時、同市池沢町の東組系黒田組事務所がカチ込みを受け、銃弾三発を見舞われたのだ。

両者の抗争の原因は、一カ月前の一月二〇日に執り行なわれた東組若頭代行の森田組組長森田至郎と二代目土井組本部長青山修との兄弟結縁盃にあったといわれる。

その時分、二代目土井組組長西田茂夫が前年六月二六日に逝去したばかりで、まだ一周忌も済んで

いない状態であった。そこで五代目酒梅組組長谷口政雄が西田茂夫二代目と兄弟分であったことから、酒梅組は東組に対して、

「その盃、待ってくれ。一周忌が済んでからしてくれへんか」

との異議を申し立てた。

それを東組は、「筋違いな内政干渉」として押しきり、予定通り結縁盃を挙行した。

さらに八日後の一月二八日、西成の四代目萱谷組の賭場で、他組織の者が萱谷組幹部を拳銃で撃って怪我をさせるという事件が起きた。

東組総長東清がその仲裁に入ったのは、四代目萱谷組組長和田家美と東組系井上竜組組長井上竜二とが兄弟分であった縁を通してのことで、結局、相応の見舞い金を支払うことで結着がついた。

ところが、この処置に、もう一人、和田と兄弟分の縁を結んでいた五代目酒梅組幹部が怒りの声をあげ、

「幹部が撃たれて仕返しもしきらんで、そんなカネでケリをつけるとは何や。そんな男とは兄弟分の縁を切るし、うちで貸している三〇〇〇万円も即刻返済してもらうで」

と迫ったのだ。

四代目萱谷組は、三代目山口組の若頭補佐まで務めた伝説のヤクザ〝ボンノ〟こと菅谷政雄の実兄萱谷三蔵が興した組で、西成の「三太」という旅館で常盆を開帳する博奕一本の一家だった。酒梅組から借りている三〇〇〇万円も博奕資金であった。

こうしてこの四代目萱谷組を巡って、東組と酒梅組との間で対立関係が生じ、先の兄弟結縁盃の因縁もあって、今度の過激抗争へと発展したのだった。

二月二〇日未明の酒梅組側の総攻撃で始まった東組と酒梅組の発砲抗争事件は、二〇日以降も両者

の応酬が続いて、三月一日の酒梅組側による東組尾鷲支部（三重県尾鷲市）事務所襲撃まで連続二〇回もの発砲が繰り返された。その内訳は、酒梅組側が一四回の発砲を行ない、対する東組側は六回、東組側にだけ三人の重軽傷者が出ているという状態であった。

それからおよそ二週間以上にわたって発砲音が途絶え、不気味な沈黙が続いていた。

両組織の沈黙は、斯界関係者のさまざまな臆測を呼んだ。

「東組がなんぼ戦闘集団言うても、所詮、カネも兵力もない新興弱少組織。明治以来の歴史を誇って、豊富な資金力と兵力を擁する酒梅組の敵やない、いうことやろ」

「いやいや、あの東組を見くびったらあかんで、何せ〝喧嘩の東組〟や。見ててみい。必ず反撃に出よるから」

確かに両者の組織力の差は歴然としていた。大阪府警の調べでは、当時、酒梅組は傘下三二団体で大阪、兵庫、和歌山などに八七四人の組員、一方の東組は西成を本拠に、大阪、京都、奈良、鳥取に傘下一四団体、二六四人の組員を擁するとされ、およそ三・三倍の差があった。

実は銃撃戦が小休止状態となったこの時期、手打ちの動きもあったという。大阪・京都の大物組長たちが両者の和解調停に向けて乗りだしたのだが、やられっ放しの状態で東組が手打ちに応ずることなど考えられなかった。

事実、そうした手打ち話を吹っ飛ばすように、東組の銃弾が相次いで炸裂したのは、三月一九日のことだった――。

同日午前一一時一〇分、東組尾鷲支部幹部の渡辺真司は、散弾銃を手に和歌山県御坊市の五代目酒梅組系岡野組事務所へと乗りこんだ。

一階でテレビを観ていた三四歳の組員が侵入者に気づいたときには遅く、渡辺の散弾銃は火を噴いていた。そのまま渡辺は二階へと駆けあがり、階下の銃声に気づいて何事かと警戒する二一歳の組員にも一発見舞い、二人の組員は重傷を余儀なくされた。

渡辺はバイクで逃走したが、間もなく散弾銃、短銃各一丁、登山ナイフ一本、実弾一九発を持って御坊署に出頭、殺人未遂、銃刀法違反容疑などで逮捕された。

その一時間後の正午過ぎには、西成区太子の五代目酒梅組系平沢組事務所へ、草色の戦闘服を着た東組組員二人が乱入。一人で留守番をしていた組員に拳銃四発を撃ち、腰や太股に一〇日間の怪我を負わせて逃げた。

さらに五分後、西成区山王の酒梅組系天龍会の無人の事務所に向けて、カーキ色の作業服を着た男が、三八口径の拳銃四発を発射。続いて、約一〇〇メートル離れた酒梅組系小政組事務所へも、東組系組員と思しき三人組が、銃弾四発を撃ちこんだのだ。

これに対して酒梅組は、翌々日の二一日午前〇時五〇分ごろ、堺市中之町の東組幹部宅の裏側台所に散弾二発を撃ちこみ、窓ガラスを破壊した。

東組もその三時間後、再び酒梅組系平沢組にカチ込み、事務所の表シャッターなどに銃弾五発を発砲、貫通させた。

まさしく「やられたらやり返す」というヤクザの論理を地で行く、凄まじい銃撃戦の応酬であった。これによって酒梅組にも三人の重軽傷者が出て、東組と同数の負傷者数となってしまったのだった。

こうして抗争は大阪、奈良、京都、三重、和歌山の五府県に拡大。発砲件数も計二六回を数え、飛び交った銃弾は約一〇〇発にのぼった。

この酒梅組との抗争で、二代目清勇会は東組本家事務所を始め、他の東組系二団体とともに酒梅組から最初に事務所を襲撃された組織であったが、川口和秀は報復に乗り出さず、

「うちは一切動かん」

という姿勢を貫いていた。

「喧嘩の原因は低級な欲得絡みで、どう贔屓《ひいき》目に見ても東組に理がない。これは形《かた》が悪いし、不細工すぎる。この喧嘩はすべきでない」

と当初から主張していたのだ。

親分の東勇も同意見であった。勇が抗争の経緯を説明するため、大津の三代目会津小鉄会理事長高山登久太郎邸を訪ねたとき、高山から強く打診されたのは早期和解への道筋であった。双方の考えが一致して、和解を実現すべく、勇が奔走することになり、川口もそれに従い動く破目になった。

それを知った東組本家若頭代行の森田至郎が、本家事務所に当番で入っていた川口に、深夜、電話を掛けてきたことがあった。森田はだいぶ酒に酔っていた。

「おまえら、何やねん、手打ちしようと思とんのかい！　われとこの親分、おかしいやないか。総長にもタテつきよってからに」

自分のことはともかく、森田が酒に酔った勢いで親分の勇を悪しざまに批難し始めたので、川口は激怒した。

「こらあ、おどれは誰に向かって吐かすんじゃい！　親分のことをなんたらかんたら吐かしやがると、承知せんぞ！」

川口は森田を怒鳴りつけ、怒りに任せて電話線を引き千切った。かねて統率力などすべてに秀でた人物として、森田至郎には好感を抱いていただけに、なおさら腹立たしかった。

泥沼化する抗争

すでに抗争が勃発して一カ月、東組、酒梅組双方に三人ずつの負傷者が出たことで、マスコミのいう〝血のバランスシート〟の観点からすれば、均衡がとれたと見ることもできた。

このあたりで、〝時の氏神〟たる仲裁人が間に入って、手打ちという話が出てもおかしくない状況となったのだが、

「いや、今度の喧嘩、原因がそんな単純なもんやないらしい。双方の面子も絡んで、そんな簡単にはいかん違うか」

というのが、中立系組関係者の一致した見方だった。

となると、この〝新大阪戦争〟、田岡一雄三代目が狙撃され、さらに血の報復で多くの死傷者を出した山口組と松田組との〝大阪戦争〟並みの全面戦争になる危険性も出てきた。

そんな懸念が現実のものとなる事件が起きたのは、三月三〇日のことだった。

同日白昼、大阪から遠く離れた熊本市の大通り、室園町一丁目の中華料理店「一品香」の前で、東組東清総長の二五歳の次男が銃撃され、重傷を負ったのだ。次男は熊本市で風俗店を経営する、組とは関係ないカタギの実業家であった。

総長の次男は昼食時、親しい女性と一緒に中華料理店「一品香」へ食事に来ていた。二人が食事を済ませ、女性がレジで勘定の支払いをしている間、彼は一足先に店を出た。

すると、店玄関のすぐ横の駐車場から、一人の男がゆっくりと歩いて次男に近づいてきた。

男は歳のころ三十五、六、背が高く痩せていて、ヘアスタイルはオールバック、黒いジャンパーとクリーム色系の白に近いズボン、黒いサングラスを掛けていた。殺気だった感じもなく落ち着いており、とても酒梅組のヒットマンには見えなかった。

駐車場にはもう一人、同じ歳格好の連れがいて、丸顔で色白、髪は五分刈りでブルーのジーンズ上下といういでたちだった。次男に近づく前、サングラスの刺客はこの五分刈り男から、「これや」というふうに、目で合図を受けていた。

サングラス男は、総長の実子のすぐ前まで近づくと、ポケットからすばやく拳銃を抜いた。

次男にすれば、まさかカタギの自分を狙う者がいようなどとは露思わない。自分に向けられた拳銃を目のあたりにしても、それがいったい何を意味するのか、すぐには理解できなかった。

「パーン！」という銃声が二発あがった。男が放った銃弾は、二発とも「一品香」前にいた次男の右足の太股を貫通、彼はその場に崩れるように倒れた。

どうやら命を狙ったものではなく、当初から足を狙っての襲撃であったようだ。

「キャァー！」直後、勘定を済ませて店を出た女性から悲鳴があがった。

その叫びと、直前の銃声とに従業員が血相を変えて店を飛びだしてくる。

「あっ！」目の前に右足から血を噴き出させて倒れている常連客を発見し、

「こりゃいかんばい！　出血がひどか」

彼らはすぐさま店のおしぼりを何本も持ってきて、客の脚の傷口に押し当てて手当てをすると同時に、警察と救急車を手配した。

その間に、二人組のヒットマンは店の前の国道三号線を走って横切り、植木方面へ逃走した。

撃たれた東総長の次男はすぐに病院に運ばれたが、三週間の重傷であった。

酒梅組はさらに翌々日の四月一日午前二時過ぎ、大阪市住吉区苅田町の東組系井竜組事務所へカチ込み、銃弾をたて続けに四発撃ちこんだ。

組員二人とともに二階奥の間で休んでいた井竜組若頭が、発砲音と同時に跳ね起きて一階へと駆け降りた。が、襲撃者はすでに逃走した後だった。

その一時間半後、今度は東組が報復に動いた。同日午前三時半ごろ、黒ヘルメットを被った組員二人が、大阪・阿倍野区昭和町の酒梅組系芦田組事務所へ大型バイクで乗りつけたのだ。彼らは張り付け警戒中の警官の頭越しに、雑居ビル二階の事務所めがけて拳銃を一発発砲、銃弾は三階のコンクリート壁に当たった。二人組はそのままバイクで北へ逃走した。

かくて東組と酒梅組との抗争は、いよいよ泥沼化してきた感があった。

「何、のぶちゃんが……」

熊本で総長の次男が撃たれる――との報を聞いて、川口和秀は唖然となった。

このとき、川口は初めて、

〈こらもう手打ちどころやないな。放っとけんわ〉

という気になったのだった。

「もうガラス割りなんぞやっとる場合やないで。狙うんやったらトップや」

カタギである総長の実子まで狙撃されたと知って、川口ならずとも、東組面々の怒りはピークに達していた。

「なんで組とは関係のないカタギはんの坊が狙われなあかんのや。許せへんな。こうなったらとことんやったろやないか。いてもうたるで」

ここに至って、東組組員の誰もがまるで自分たちの聖域を蹂躙されたかのような憤りを見せ、相手を潰滅させるまで全面戦争も辞さず――と肚を据えたのだ。

東組組員は東清総長の人柄に惚れて盃をもらう者が多く、心底総長に心服し信頼を寄せることで、他団体が羨むような強固な結束力も生まれていた。それだけにタブーを侵した相手に対する彼らの怒りも半端なものではなかった。

四月四日には、東組に出入りしていた大阪・住吉区の土建会社社長が東組関係者と間違われて、事務所を襲撃され射殺されるという事件が起きた。ついに抗争初の死者まで出すに至り、いよいよのっぴきならない事態となったのだった。

「いいか、狙いはあくまでトップや」

東組は相手のトップに照準を定めて、暗殺部隊が地下に潜って虎視眈々とその機会を狙っていた。

ここへ来て〝新大阪戦争〟は、エンドレス抗争となる可能性さえ孕みだしていた。

筋を通す

だが、事態は急転直下、四月下旬になって和解の方向へ向かって動きだしたのは、京都の三代目会津小鉄会髙山登久太郎理事長と大阪の四代目砂子川組山本英貴組長が、

「いつまでも喧嘩を続けているのは双方にとってはもとより、世間のためにもわれらの業界のためにも甚だよろしくありまへん。喧嘩は間違いと言うんでっから、間違いは一刻も早く正さなあきまへん」

と、両組織に対して、誠心誠意、和解への働きかけを行なったからだった。

四月二四日、東組総長東清は、側近の幹部たちとともに神戸で髙山登久太郎と会い、

「何の条件もつけず、ともかく和解のテーブルに着く」

ということに同意し、髙山をして、

「総長、私の親父の顔を立ててくれてありがとうございます」

と感激させている。髙山は親分である会津小鉄会三代目図越利一の意を受けて奔走している身であ

った。

すでに高山は五代目酒梅組組長谷口政雄からも、同様の趣旨の同意を得ていた。和解まであと一歩、詰めの段階に入ったも同然だった。

当初、頑強に和解の話を拒んでいたのは東組側であったが、仲裁奔走人の言を受けて、東清が和解の方向へ幹部たちを説得しだしたのだ。それは東清が武闘派の看板を下ろして宗旨変えをしたからでも、弱気になったからでもなかった。

何より清は、カタギの犠牲者が出たことに心を痛めたのと、抗争の行方が、自分の次男坊が狙撃された報復のように動いていくことに、筋が違うと感じたからだった。

「なんぼカタギとはいえ、うちの倅がやられたんは、ワシがこういう渡世に生きとる限り、しょうがない。せやから、ワシの倅のために喧嘩するいうんでは筋が通らん。公私混同や。そら、東組の若い者がやられたいうんなら、ワシは組潰してもとことん報復するで。喧嘩は止めん。それを倅のために喧嘩はようせん」

と、東清はあくまで言い張ったのだ。

これには酒梅組との本格的な参戦を準備していた川口も、

「なるほど総長らしい」

と納得し、振りあげた拳をおろさざるを得なかった。厳格なまでに筋道を重んじる男が、東清という親分であった。

「一メートルの道幅を歩いていても一〇メートルの道幅を歩いていても、道を踏み外す者は自ずと踏み外す。正しい筋を通す者はどのような細い道を歩こうとも道を踏み外すことはない」

という人生訓の持ち主が東清だった。

川口は思い出す。かつて信貴久治が社長をつとめる太陽観光グループが倒産し、川口は親分の東勇とともに同社の倒産整理を手がけようとしたことがあった。

信貴は堺市一の歓楽街「翁橋」の地所の半分以上を所有していた。同社常務から倒産内容の報告を受け、川口たちがこの倒産整理を見積ったところ、約五〇億円の利益が予想できた。

そこで東勇は川口を従え、同社の倒産整理を黙認してもらうため、東清宅へと赴いた。

なんとなれば、この信貴久治こそ、元池田組舎弟頭をつとめ、東清の親分であった人物だからだ。信貴は現役時分に国政選挙に立候補したが落選し、選挙違反で服役、信貴組を解散した後に実業家に転じた男だった。

そのため勇は筋を通し、東清に断りを入れて仕事に取りかかる手順を踏んだのだ。

ところが、話を済ませ、東清邸から出てきた東勇は、表で待っていた川口の前で溜息をつき、天を仰いだ。

「親分、どないしはりました?」

川口が訊ねると、

「どないもこないもないわ。総長は認めてくれへんかったわ」

勇は悄然と応えた。

東清にすれば、自分の元の親分だった人の会社が倒産し、それを勇が整理することは信義に悖ると考えたのであろう。

川口は、頑なまでに筋を重んじようとする東清に、改めて頭が下がる思いがした。

東組と五代目酒梅組との手打ち式は、昭和五八年四月二八日午前一一時、京都市上京区の料亭において執り行なわれた。

仲裁人は京都の三代目会津小鉄会総裁の図越利一、奔走人が同理事長の高山登久太郎、立会人を大阪の四代目砂子川組組長山本英貴がつとめた。

手打ち式には、東組から本家若頭の森下組組長森下和美、若頭代行森田組組長森田至郎ら、五代目酒梅組からは若頭の中下元治、元組組長仲川健治らが出席し、無事に〝毒流し〟を終えたのだった。

かくて二カ月半にわたって繰り広げられ、一五〇発の銃弾が飛び交い、九人の死傷者を出し、〝新大阪戦争〟とも呼称された東組と酒梅組との過激抗争にピリオドが打たれた。

この抗争でめざましい〝働き〟を見せたのは、東組若頭代行の森田至郎率いる森田組の若者である二二歳の田村順一だった。田村は次々と酒梅組系事務所を襲撃、およそ一〇件近くのカチ込みを敢行して逮捕され、懲役七年の刑を科せられた。

後に田村は二代目東組本家若頭に就任、平成二二年一二月一七日、二二年ぶりにシャバに戻った川口を、二代目東組本部長赤松國廣、同二代目清勇会会長代行呉本幸造とともに府中刑務所に出迎えている。

この抗争によって、浪花の一本どっこ――武闘派軍団として〝喧嘩の東組〟の呼び名が一段と高まったのは間違いなかった。

酒梅組の東組に対する一斉銃撃で抗争の火蓋が切られ、東組もすぐさま反撃に出るという組の面子をかけた喧嘩へとエスカレートしたこの〝新大阪戦争〟。大阪府警の厳戒態勢にも拘らず、連日のように銃声が鳴り響き、戦火は大阪を中心に奈良、和歌山、三重などに広がり、その後は熊本、米子などでも銃撃事件が発生した。

そのなかには、酒梅組系事務所にカチ込もうとした東組組員が、二人のマル暴刑事と鉢合わせしてしまい、彼らに向け発砲しようとして不発だったため、通行中の軽トラをカージャックして逃走するという事件まで起きた。

東組は兵隊の数や資金力においても、傘下三二団体、組員約九〇〇人という明治以来の歴史がある酒梅組より劣勢なのは明らかであったが、総長以下、組員が一丸となって男の意地で戦い抜いたのだった。相手がどんなに強大であっても、牙を剝いてくるところには、〝眼には眼を〟と一歩も引かずに受けて立つ——という捨て身の姿勢こそ、〝喧嘩の東組〟の真骨頂であった。

その戦闘性、強さの秘密は、一に組員たちの総長に対する絶対的な信奉と揺るがぬ団結力とにあったろう。

そのことを証明するかのように、前年三月、山口組直系の桜井組と数次にわたる抗争事件を起こした際、東勇は抗争終結後、マスコミに対し、

「田岡組長は偉大な親分だった。そんな親分を失っただけに山口組の苦悩がわかる。しかし、日本一の親分は誰かと、私が聞かれたら、私は即座に兄の清だと答えます。極道は自分の親分に魅せられてこの世界に飛び込み、生きているんですよ。だから、東組の二百余人の組員は、兄の清とうちの代紋を守るためなら、私以下組員全員が命を張ります」

と述べたものだった。

だが、一方で、他に例を見ないほどの強烈な個性の持ち主である清と勇の東兄弟、ときには激しく意見がぶつかってあわや一触即発、互いに引くに引けない兄弟喧嘩になりかけたこともあった。

兄弟喧嘩

その兄弟喧嘩の果てに、勇一門である実弟グループが東組本家事務所に発砲するという事件が起きたのは、いつのことであったろうか。

川口が二代目を継承していくらも経っていない時分であったように川口は記憶しているのだが、いまひとつ定かではなかった。

東組の運営を巡って兄弟の意見が衝突し、とうとうそんな危なっかしい事態にまで発展してしまったのだった。

「こうなったらとことんやるよりないやろ。もう宣戦布告してしもたんや。はっきり白黒つけたろやないか。東組がこのまま総長体制で行くのか、それともうちの親父、東勇が実権を握ってやっていくのか、はっきりしたらよろしがな」

「ちょっと待っとくれやす。白黒つけるいうて、ホンマに総長と喧嘩する言うんでっか」

「本家事務所に銃弾をぶちこんでおきながら、いまさら何を言うてんねん。行きつくとこまで行くよりないやろ」

実弟グループは連日、堺の二代目清勇会の事務所に集まって会議を催し、侃々諤々《かんかんがくがく》の意見を出しあった。

勇一門のなかでは、二代目清勇会を継承した川口が最年少であった。が、勇の跡目を継承したといっても、先輩たちとの歪直しはしておらずその関係は変わらなかったから、川口が勇一門の頭領というわけではなかった。

二日間にわたる会議の結果、

「この際、総長一門と徹底的に戦って雌雄を決すべし」

との意見が大勢を占めた。実弟一門一五人のうち、一四人が抗争に賛成、反対は一人、川口だけだった。

そしてその意向を東勇に伝える役目に指名されたのが、川口と桜井会会長桜井正友の二人であった。

川口は懊悩した。桜井と二人で東勇のもとに報告に行く段になっても、なお納得がいかなかった。

「桜井会長、なんでワシらがこんな役まわりを受けなならんのでっか。いくらなんでも兄弟喧嘩でっせ。どっちが勝ったところで、世間の笑いもんにしかなりまへんよ。実の兄弟が相争う愚は、歴史の証明しとるところやおまへんか」

勇派の話しあいのときから言い続けてきた持論を、川口は桜井にも訴えた。

「……………」

桜井もまた、どちらかというと、大勢に従っただけの消極的な賛成派に過ぎなかった。川口の弁に、苦悩の色を浮かべて黙りこんだ。

「ワシはどないなことがあっても、この喧嘩だけはやらせません」

川口がきっぱり言いきったとき、桜井が、

「せやけど、川口よ、他の連中とて、親父の胸中を察し、親父のことを思えばこそ、こないな結論になったんやろしのう……」

と初めて口を開いた。ここでいう「親父」とは東勇のことだった。

「東のことを考えたら、命を賭けて止めるのが筋と違いまっか。七つ源氏の代紋、潰してもええ言うんでっか。親父が勝っても、こんなもん、世間には通りまへんよ」

「……うーん……」

「桜井会長、親父への報告、ワシに任せてもらえまへんか」

「どないするんや」

「会長は何も言わんと黙って座っといてくんなはれ。ワシが皆の〝意向〟を伝えますよって、兄弟喧嘩だけは絶対にさせまへん」

東勇宅へ赴いた川口は、一世一代の博奕を打った。実弟一門が出した結論に逆らって、大嘘を吐くことにしたのだ。

勇宅の奥座敷で、川口は真っ先にこう切り出した。

「親分、自分たちが二日間にわたって話しあった結果、決めたことを御報告します。親分、どうか兄弟喧嘩、止めとくんなはれ。それでも親分がどうしてもやらないかんいうんなら、自分たちは全員がカタギになります」

これには川口の隣りに座った桜井も、内心で仰天したが、表情には出さなかった。それにしても兄弟喧嘩を止めさせるために、川口が、そこまで思いきったことを口にするとは、桜井も想像だにしていなかった。

勇にとっても、それは衝撃的な言葉であった。

「――そうか……おまえら、そこまでの覚悟を……」

若い衆を抱え、いっぱしの地位を摑んだヤクザにとって、カタギになるということがどれだけ重い意味を持つものであるか、勇は誰よりも知っていた。

勇は言葉を呑みこみ、手で頭を抱えるようにして、ジッと考えこんでいる。

川口もまた、親分・東勇の性分は骨の髄まで熟知しているつもりであった。

勇がいったんやると決めたなら、必ずや命を賭け、死ぬまでやりぬくタイプであることは何よりはっきりしていた。となると、どちらか斃れるまでの兄弟喧嘩になってしまう。

何があってもそんなことをさせてはならなかった。

川口と桜井は固唾を呑んで、勇の言葉を待った。

やがて勇が顔をあげて川口たちを見た。

「わかった。おまえらの言う通りにしよう。喧嘩はせん。総長にはワシから詫びを入れるで」

骨肉の殺しあいが土壇場で回避された瞬間であった。

「親分、おおきに。よろしおました。みんなも喜びまっさあ」

と勇に礼を述べた。

その実、勇一派の総意を捩《ね》じ曲げ、川口がまるきり逆の報告をしたとは、さすがの勇も夢にも思っていなかった。それを知ったとき、はたして勇はどんな反応を示すか、また他の勇一門の者たちがどれほど怒って川口を責めることか、川口はすべて覚悟のうえでのことだった。

心から親分の勇を思うゆえの諫言《かんげん》であり、そこには邪《よこし》まな気持ちは些かもなく、勇にも必ずやその真意を理解してもらえると固く信じていたからだ。

こうして川口の機転によって、東組を分断しかねない清と勇とによる流血の兄弟喧嘩という最悪の事態は免れた。

だが、川口はしばらくの間、他の勇一門の者たちからは、裏切り者呼ばわりされる破目になった。なおかつそのときの真相が勇の耳に入ることにもなり、勇は川口に対してわずかながら不信感を抱いたのも確かだった。

「川口が一門の総意に従わず、独断であないな嘘をワシに……」

川口の親を思う一片の打算もない真情はわかっていても、やはり一抹の寂しさは拭えなかったのだ。勇と川口との強固な信頼関係を妬んで、要らぬことを言う輩がいたせいもあった。

それでも川口はひと言の弁解もしなかった。

その代わり、川口は黙って自分の左手親指を切断し、それを勇に差し出した。

自分の非を詫びるためではなかった。勇が自分に対して些かなりとも不信感を抱いたことが口惜しくて、一点の曇りもない己れの心の在り処を見せたかったからだった。

そのとき勇は、初めてすべてを悟ったのだ。

「和秀……おどれってヤツは……」

勇は以来、むこう一年間、何より好きな酒をピタッと断った。

泉州戦争

東組の歴史は抗争の歴史でもあった。

〝新大阪戦争〟といわれた酒梅組との抗争を終えた後も、東組は同年六月には三重で山口組系弘田組と抗争。二年後の昭和六〇年九月には、川口にとって運命の〝キャッツアイ事件〟を派生させた山口組系倉本組との流血抗争を起こしている。

このキャッツアイ事件の実行犯の奥乃勘一と、それを指示したとして振柿明が逮捕されたのは昭和六二年二月、同年三月のことであったが、翌四月には、山口組系杉組、同須藤組との間で半年間にわたって計二六件、死者五人、負傷者二人を出す血で血を洗う激越な抗争となる〝泉州戦争〟が勃発した。

戦端が開かれたのは、四月二〇日夜のことだった。

大阪・堺市にある四代目山口組系杉組内五友会の事務所に七、八人の男が乱入して、五友会の組員と乱闘になった。侵入した男たちは、いずれも大阪府泉南郡田尻町に本部を置く東組系滝本組の組員であった。

乱闘では押しあい取っ組みあいで、怪我人こそなかったものの、五友会側は拳銃を発砲するに至った。いわばこの銃声が、その後の激烈な抗争のスタートを告げる狼煙《のろし》となった。

その直後、滝本組は堺市にある五友会の田中五男会長宅に銃弾を撃ち込み、さらに二一日までに五友会系事務所などに三度にわたる波状攻撃を仕掛けた。

これに対して、五友会もただちに反撃した。それからわずか一週間の間に、東組側の五回に対し、五友会は七度のカチ込みを行なっているのだ。では、なぜそんな事態になったのか。

抗争の引き金となった原因は、ひとつは組員の引き抜きにからむゴタゴタであった。五友会を除籍になった組員を滝本組が拾ったことで、双方の間に不穏な空気が漂い、一触即発の状況になった。

加えてさらなる問題が発生した。

右翼団体を主宰する五友会の田中会長の実弟が、四月の統一地方選で堺市の保守系議員の支援活動をしたときのことだった。その際、ウグイス嬢をつとめたメンバーの女の子が、何かトラブルがあって辞める辞めないという話になった。彼女はその不満を知りあいの滝本組幹部に訴えた。

話を聞いた幹部は、かねて揉めていた相手ということもあって、

「それは放っとけん」

となり、滝本組組員たちによる五友会事務所への乱入という事態になったのだった。

それが銃撃戦へと発展したのだが、一週間後の四月二七日早朝までは、まだカチ込み——ガラス割りの域を出なかった。

だが、同日夜になってついに最初の死者が出て、殺戮戦へと突入してしまったのである。

二七日午後七時過ぎ、堺市中安井町の通称〝扇橋町〟という歓楽街の交差点で信号待ちをしていた四代目山口組系須藤組内池田組池田良弘組長の乗用車へ、接近してきた若い男があった。東組系滝本組組員土方基成だった。

土方は突如、拳銃を構えるや、その車に向けて四発発砲したのだ。そのうちの一発が車の運転をし

ていた二六歳の池田組組員の頭部を直撃し、彼は翌二八日死去した。

なぜ、杉組ではなく須藤組が襲撃されることになったのか。

杉組系五友会と須藤組系池田組は普段から昵懇で、双方の組員は互いに事務所を行き来している間柄で、この日も池田組長は五友会への陣中見舞いの帰りだった。そんなことから、池田組が今度の抗争に巻きこまれる破目になったのではないか——とは、関係者の一致した見方であった。

となれば、ここへ来て抗争の構図も変わって、新たに須藤組の参戦も必至となることが予想された。

はたして月を越した五月六日、山口組サイドの反撃が開始された。今度は舞台を三重県尾鷲市に移して、山口組系ヒットマンは暗躍した。

早朝六時ごろ、同市野地町の東組系野村組事務所前に駐車中の乗用車が狙撃され、車内にいた野村組幹部が背中、腰などに銃弾を浴びて重傷を負ったのだ。

さらに山口組側の攻撃は続いた。一六日午後七時三〇分、堺市向陵中町の病院「清恵会分院」の三階三一六号室へ、二人組の山口組コマンドが押し入った。

同室に入院していたのは、五九歳の東組幹部であった。東組東清総長の舎弟という立場の幹部は、前年七月から慢性腎不全と狭心症のため入院中の身だった。

ベッドの上で寛ぐ同幹部を確認した二人組は、いきなり一人が新聞紙で覆った拳銃を構えた。ハッと驚くベッド上の幹部目がけて、ヒットマンは数発を発射。銃弾は幹部の左腕や左胸に四発命中、彼は血まみれになってベッドから床に落ちた。

医師たちの懸命の手当ての甲斐もなく、同幹部が出血多量で死去したのは一時間半後のことだった。

翌一七日午後三時半過ぎ、堺の東組系関谷組事務所にいた一人の若者が、

「ちょっと出てくるわ」

と言い残して事務所を後にした。まるで近くへ煙草を買いに行くか、散歩にでも出かけるような態度であったから、事務所にいた他の組員たちは誰も気にも留めなかった。

その若者――関谷組組員木村雄治が、そのまま車に乗って向かった先は、大阪・ミナミの繁華街の端にある四代目山口組系須藤組本部事務所であった。

木村は同事務所近くで車を降りると、一人でゆっくりとめざす建物へ近づいていった。同本部は四階建てビルで一階が事務所になっていた。

木村は一階の入り口ドアを開けると、招かれた来訪者のように堂々と中へ足を踏みいれた。すでに手には拳銃を握りしめていた。

そのとき、一階事務所では組幹部ら四人が、入り口左側の応接セットのソファーに座ってテレビを見ながら雑談中であった。

そこへ突如侵入してきた若い男の姿に、皆がギョッとなった。

木村は終始、落ち着き払っていた。その場に居あわせたお茶汲みの若い子を、

「退いとけ」

と退かせたうえで、幹部らしき者たちに拳銃を向けたのだ。彼らは身を隠す間もなかった。

木村はたて続けに三八口径拳銃六発を発砲、銃弾は四十代の幹部二人にヒットした。一人は両胸と腹部に三発、もう一人も両胸に二発の銃弾を受け、近くの病院に収容されたが、間もなく二人とも死去した。放った銃弾六発のうち五発を命中させた射撃は、府警捜査員も舌を巻く腕前だった。

事を為し終えた木村は、悠然とその場から去った。使用した拳銃を地面に向けて下げたまま、来たときと同様、歩いて敵地を後にしたのだ。

差し入れの味

この〝泉州戦争〟真っ盛りのころ、川口和秀は四年前に逮捕された銃刀法違反事件の件で、時効を狙っての保釈逃亡中であったため、抗争には関与できる状況ではなかった。

若き木村雄治が躰を賭けた殴り込み事件に関して、その正確な内容を知ったのも、それから二四年後、キャッツアイ冤罪事件で長く獄につながれ、二二年ぶりにシャバに出た翌年――平成二三年春のことだった。

同年四月、先に懲役一八年の刑を終えて出所していた木村を誘い、引退した京都の五代目会津小鉄会図越利次会長のもとにお礼の挨拶に行ったときのことだった。

木村が事件を起こし、大阪府警本部に出頭した際、一緒に付き添ってくれたのが当時の四代目会津小鉄若頭図越利次であったし、川口にしても獄中にあるとき、図越には何度か面会に来てもらったことがあったのだ。

川口には、曽根崎署の留置場にいた際、面会を得た図越が差し入れてくれた京名物の鮨や竹筒に入った冷えた羊羹の味が忘れられなかった。

図越は二二年ぶりに社会復帰した川口をねぎらった後で、

「まあ、立派にならはったなあ」

と、二代目東組若頭補佐をつとめ、大俠会会長である木村の成長に目を細めた。

その後で三人は、

「お世話になったんやからお礼に行こうか」

と、定年退職した大阪府警元班長のもとへ挨拶に出向いたのだ。元班長は川口が銃刀法違反事件で曽根崎署に逮捕されたとき、同署の係長だった人で、木村の事件では大阪府警の班長として真っ先に現場に赴き、捜査を担当した。

　元班長は図越と顔を合わせるなり、

「久しぶりやなあ」

　と涙を流さんばかりに懐かしがったものだ。

　そのとき川口は、元班長の口から初めて〝泉州戦争〟の過程で起きた木村の殴り込み事件の詳細を聞き、木村の〝男っぷり〟を知るところとなったのだった。

　なにしろ、元班長は事件現場に一番乗りして、多くの関係者や目撃者から事情聴取しているのだ。

　殴り込みを終えてビルから出てきた木村を目撃したという近くのクラブホステスは、

「カッコよかったで。若くて男前の人が、拳銃を下に下げて悠々と歩いとったわ」

　と証言したという。

　また、この元班長は木村の事件の公判にも出廷して証言台に立っているのだが、彼は当時の思い出を、

「あのときは、東の総長が傍聴席の一番端に座ってはってなあ。私が証言を終えて下がったとき、私に向けて手を合わせてくれはったんですわ。そのシーンが頭に焼きついていまも忘れられまへんのや。うれしかったでっせ」

　と語った。

「へえ、そないなことがあったんでっか、『ええ証言をしてくれておおきにな』という総長の感謝のお気持ちやったんでっしゃろなあ」

　川口も胸を熱くせずにはいられなかった。

前代未聞の手打ち式

東組系関谷組組員木村雄治が四代目山口組系須藤組本部事務所を襲撃した翌日の五月一八日、大阪府警は「山口組対策組対立抗争事件総合対策本部」を設置した。

両者に対して、「抗争中止」を勧告するとともに、〝山一抗争〟以来の大がかりな警戒と検挙態勢を敷き、取締まりを強化したのだ。

そのためかどうか、その後は二件の発砲事件があっただけで、六月五日、和歌山市内の東組系事務所前で、不審な男が警戒中の警官に発砲して以来、抗争は膠着状態に陥った。

その間、大阪府警は双方関係者を次々と検挙。七月一五日には、府警による張り付け警戒が解除された後、組員たちがゴルフクラブや金属バットで武装し自主防衛していた東組本家事務所を急襲、凶器準備集合罪などの現行犯で東清総長を始め、同組組員一一人を検挙した。

他に九月一日には、五友会の田中五男会長を銃刀法違反等の容疑で逮捕するなど、殺人容疑などで双方の組員五三人を逮捕、抗争封圧につとめた。

そんななか、銃声はピタッと止まったが、和解工作も暗礁に乗りあげたままでまったく進展しなかった。秤が一方に傾いたままの状態で、〝血のバランスシート〟が均衡でないと目されていたためだった。両者の〝戦果〟のバランスがとれるのはいつのことになるのか、それが関係者の間では最大の焦点となっていた。

はたして六月以来の沈黙を破って須藤組が血の報復を行なったのは、九月二三日のことだった。同日午後四時半ごろ、大阪・住之江にある住之江競艇場の南門近くで、東組系柴田組幹部が、待ち伏せていた須藤組組員二人に銃撃され、胸や腹部など七カ所に銃撃を受け死亡したのだ。

これによって双方の死者の数は五人、負傷者二人となったのだが、東組はなお報復に出た。一〇月五日午前五時ごろ、柴田組組員二人が須藤組事務所に二トントラックを突っ込ませ、散弾銃二発を撃ち込んだのだ。

　この襲撃で当番の組員五人に怪我はなかったものの、同事務所玄関シャッターが破損したほか、玄関表上壁に掲げられていた看板も壊された。泉州戦争はいよいよ泥沼化が危惧された。

が、それでも水面下では、四代目会津小鉄会や五代目酒梅組など関西の中立系有力組織による和解工作は粘り強く進められていた。加えて関東の雄・稲川会も仲介に乗りだし、そうした周辺関係筋の、

「これ以上抗争を続けたらさらに犠牲者が出る。あたら若い命を無駄にするのは忍びない」

という和解終結に向けた必死の奔走もあって、ようやく泉州抗争も解決の曙光が見えだしていた。

その結果、両者の五分の手打ちが実現、稲川会と四代目会津小鉄会を仲裁人として、京都の料亭において手打ち式が行なわれたのは一〇月二八日のことだった。

かくて半年間にわたって大阪、三重、和歌山の三府県で展開され、計二六件の発砲事件、死者五人、負傷者二人を出した東組と山口組との泉州抗争にピリオドが打たれた。

　その手打ち式は異例のものとなった。山口組からは中西一男組長代行、渡辺芳則若頭、桂木正夫、嘉陽宗輝両若頭補佐と抗争当時組織の杉組杉重夫組長、須藤組須藤潤組長以下、抗争の関係者が顔を連ね、一方の東組からも東清総長を始めとする首脳陣が勢ぞろいしたのだ。

　二次、三次団体の対立抗争の手打ちに、このような本家筋の最高首脳が一堂に会するなど前代未聞で、日本最大組織の山口組をしていかにこの手打ちに価値を置かしめたかの現われともいえた。東組恐るべし——との世評がまた一段と高まったのだった。

第五章　不当裁判

逆恨み

川口和秀が大阪府警に逮捕されたのは、それから一年三カ月後、昭和から平成の御代に替わった元年一月二二日のことである。

川口はまさかそれが自分の元若い衆が引き起こしたキャッツアイ銃撃事件の別件逮捕とは露思わず、逮捕されたときには安堵感さえ覚えたほどだった。銃刀法違反事件の保釈逃走中の身で、その時効適用を狙った逃亡生活の重圧からようやく解放されたとの思いが強かったからだ。

それがいかに甘い考えであったかを思い知らされたのは、数日後の神戸拘置所生活を経て、キャッツアイ事件管轄署である兵庫県警尼崎北署へ移監されたときのことだった。移送道中の警戒はことのほか物々しく、覆面パトカー三台が付き、各交差点では先導パトが一般車両を停めて川口の護送車を優先させるという警戒ぶりを目のあたりにしたからだ。

それにしても、いくらなんでもキャッツアイ実行犯の元若者・奥乃勘一と、それを命じたとされる元若者・振柿明のでっちあげ供述のみで起訴されるはずはない、そんな出鱈目《でたらめ》は通るまい——と、川口のなかでどこかで高を括っていたのは否めない。話せばわかる、釈明すれば理解してもらえるとの楽観もあった。

法曹のベテランから聞いた見解も、

「現段階証拠では難しかろう。無理押しすれば起訴できんこともないだろうが、二割くらいの確率か」

というものであったから、川口の心境も、期待八割、不安二割の心境になったのだった。

それが思いもよらぬ落とし穴が待っていて、二割の不安が現実となり、起訴となったのだから、川口の失望も大きかった。それは本来あり得ない起訴であった。

事実、川口の前では、

「もし私が間違っていたら潔く身を辞そう」

とまで強がっていた取調べ担当検事の珠木栄昭も、後に尼崎地検から徳島地検へと転勤した際、法曹三者の会合で、川口の主任弁護人に対し、

「川口を早まって起訴してしまった」

と吐露したという。

それは検察側がいかに決定的証拠を持ちあわせていなかったかの証しで、まさに語るに落ちるとはこのことであったろう。また、そうした自ら作りあげたストーリーの矛盾の辻褄合わせのためにどれだけの時間を費さねばならなかったか、一審に八年も要した事実が何よりそれを物語っている。

こうして川口は、殺人及び殺人未遂の容疑を否認したまま、後年（二一年後の平成二一年）、大阪地検特捜部の証拠改竄問題で大阪高検次席検事を辞任することになる男によって、起訴されるのだ。

川口が尼崎北署から神戸拘置所へと移監されるのは逮捕から三カ月後、平成元年四月六日のことで、その日はちょうどプロ野球の開幕日でもあった。

川口の公判が始まっても、川口に対し虚偽供述を行なって罪に陥れた張本人である奥乃は、平成元年九月四日の公判に、証人として召喚要請を受けたにも拘らず、頑強にそれを拒んだ。

旭川刑務所から尼崎拘置所へ移監された奥乃のもとへ、同年八月三一日、神戸地検尼崎支部の本件担当検事が面会に訪れてそれを求めても、奥乃は、

「裁判には出廷しない。もう検察官には協力する気がなくなった。川口がどうなろうとオレには関係ない。無理やり裁判所に連れて行こうとしたら怪我人が出るよ」

などと述べて出廷を拒否したのだ。

さらに尼崎拘置支所保安課係長の報告によれば、

《奥乃に対して出廷するよう説得したところ、相当興奮状態で、

「出廷したら嘘の証言をしなければならない」

と述べ、自分が出廷しない理由を尋ねても、

「あんたには言う必要がない」

と応えたきり口を噤《つぐ》んだ。

結局、奥乃を裁判所に出廷させることは無理である》

というものだった。

ところが、その時期と相前後して、平成元年九月、奥乃は妻の奥乃美奈子を通じて、二代目清勇会の会計を担当する山岡に連絡をとってきた。山岡から報告を受けて、二代目清勇会舎弟頭の赤松國廣が、堺市の喫茶店で美奈子と会うと、彼女は、

「一億円出せば、法廷で証言する。そのネタは持っている」

という奥乃の伝言を伝えてきた。

赤松は内心で呆れ、

「本当のことを話すのに、何の一億円か?」

と要求を拒み、一笑に付した。

数日後、赤松は再び奥乃の命を受けた美奈子と同じ喫茶店で会った。この折には、証人になってもらうため、カタギの社長も同行した。

美奈子はこの日も同じ要求を繰り返したが、赤松は再度それを拒んだ。もとよりそれはイコール川口の答えに他ならなかった。

一億円要求を一蹴された奥乃が、次に川口に求めてきたのは、自分に科された絶縁の解除であった。

川口の第一七回公判（平成三年七月三日）への証人出廷を再度要請され、尼崎拘置支所へ移監されたにも拘わらず、またも出廷を拒んだ奥乃に対して、検事が出廷するよう説得したときのことだ。奥乃から、

「川口の弁護人に会いたい」

との要求があったのだ。

そこで検事から協力を求められた川口の主任弁護人の朝田弁護士は、検事とともに尼崎拘置支所へ赴き、奥乃に面会した。そのとき、奥乃から出た要求が、

「自分の絶縁を解いてくれ」

ということだった。

朝田はその旨を川口に伝えると確約したうえで、奥乃に、

「絶縁を解くというのはどうすることか？」

と訊ねたところ、

「川口が絶縁を解くと約束してくれたらそれでいい。別に状を回す必要もない」

との答えが返ってきた。

ヤクザ社会のしきたりにいまひとつ疎い朝田は、その真意を測りかね、

「それは金銭的援助をしてくれということか」

と再び質した。

「絶縁を解いてワシを組の人間と認めてくれっちゅうこってすわ。そしたらワシは組のことで刑務所へ行っとるわけやから、それなりの対応してくれたらええんや」

奥乃の答えに、朝田弁護人が、

「どういう対応をしろということか」

と重ねて訊くと、

「それは組のほうで考えたらええことや」

と答えただけで、奥乃はそれ以上具体的な話はしなかった。

ともあれ、絶縁の解除——それが川口の公判に出廷して証言する条件として奥乃が出してきた要求であった。

奥乃と朝田弁護人の面会に立ち会った検事は、面会終了後、苦笑しながら、

「ああいう要求を出廷の条件にされたら困りますなあ」

と弁護人に告げた。

「実は彼からは、以前にも妻を通じて一億円出せとの要求があったんですよ。もっとも、金銭的要求は逮捕拘留されてるときからずっとあったことですがね」

弁護人の説明に、検事はいよいよ苦虫を噛み潰したような顔になった。

川口は、この奥乃の一件を弁護人から伝えられると、腹が立つよりも呆れかえった。

「それはできません。奥乃は絶縁ということをどう考えとるのか。心得違いも甚しい。まず謝罪し、

裁判でも真実を述べたうえで絶縁を解いてくれというのであれば、検討する余地もありまっけど、先生、そないなことでは話にも何もならしまへんわ」

きっぱりと言った。

ヤクザ社会において「絶縁」というのは、死刑宣告に等しく、組に戻れる可能性はほとんどゼロといっていい。「破門」であれば、まだ復帰の余地は残されているが、絶縁はヤクザ界からの永久追放を意味した。

絶縁状は破門状同様、すべての同業者に送付され、姓名・年齢・出身地・処分の日付などが記載された後で、最後に、

《御賢台様には、結縁、交友、商談等の如何を問わず、一切固くお断り致します。右の行為ある場合、当組に敵対行為あるとみなし断固たる処置をとらせていただきます》

との文言で締め括られるのだ。この場合の「断固たる処置」とは武装攻撃をも意味し、絶縁者を他組織が拾ったりすれば組織間の抗争につながりかねなかった。

それほど絶縁の意味するところは重大なのだが、川口の見る限り、どうやら奥乃にしろ、その奥乃と組んで振柿明を組から追放し新たに二代目清勇会の副会長の座に就いた町戸恭之助にしろ、その認識はかなり甘いように見受けられた。

町戸は絶縁された奥乃と交誼し、奥乃を組に復帰させる画策をしたばかりか、奥乃が絶縁となった理由を承知しながら、それと同じことをしでかしたのだ。

奥乃の絶縁は、知人のカタギの不動産社長相手に金を要求してさんざん脅し、痛めつけいじめ抜いたからだった。町戸もまた、その同じ社長相手に同様の営為を繰り返したことで、川口の逆鱗に触れ、すぐさま絶縁となったのだった。

思えば、川口の親分である東勇は、どんなに裏切られようと少々度の過ぎた不始末をしようと若い衆を破門にしない親分であった。あるいは川口もその姿勢を踏襲していれば、キャッツアイ事件のような冤罪は免れていたかも知れない。奥乃を絶縁にしていなければ、逆恨みされて罪をでっちあげられることもなかったろう。

だが、川口はどうにも許せなかったのだ。カタギの者を相手に家族まで脅しの対象にしていたぶり、痛めつけ、いじめていることが。奥乃に対しては、かつて組の金を持ち逃げしたときでさえ何の処分もせずに二度とも許しているのに、今度ばかりはそれができなかった。

〈それをヤツは……出廷してホンマのことを喋るから絶縁を解けやと……なんちゅうヤツなんや……〉

川口は奥乃に下した絶縁処分が決して間違っていなかったことを、改めて思い知ったのだった。

神戸拘置所

川口が平成元年四月六日から平成九年二月まで暮らすことになる神戸拘置所は、六甲山系中腹に位置し、過去の最低気温がマイナス一五度を記録したことがあるほど、冬の寒さは並大抵のものではなかった。房内温度が零度ということも多く、肌が空気に触れると痛みを感じたほどだ。

その代わり、夏の夜は涼しく快適であった。

川口はこの神戸拘置所を秘かに〝ひよどり山荘〟と名づけた。

禅の言葉で言う、

「随所に主となれば立所みな真なり」

――つまり、その環境になったらそこに慣れよという意の文言のように、獄中の過酷な日々を一日とて無駄にすることなく、川口なりに一日一生の信条で前向きにつとめようと決めた気持ちの表れであった。

川口の運命を狂わせたキャッツアイ銃撃事件が起きたとき、川口は腎結石のため入院中の身であったが、その持病による七転八倒の苦痛は、神戸拘置所でも容赦なく襲いかかってきた。

平成元年秋、結石の間欠痛が生じ、あまりの痛みに川口はタオルを口に押しこんで耐えようとした。が、激痛は治まらず、悶絶寸前のところへ医師が来訪、合成モルヒネの注射と相成った。

それでもいっこうに効《き》かず、ようやく楽になったのは、医師が再訪し二本目を注射してから数時間後のことだった。

もし、この結石の持病を持ち、この痛さを体験したことのある検事なり、裁判官がワシの事件の取調べや裁判をやってくれとったらなあ――と、後に川口はふと考えることがあった。

〈その結石の苦痛の最中、はたして病院を脱けだして自分で車を運転し、ファミレスで落ちあった若い衆にタマ取りを命じることが可能かどうか――結石痛の体験者なら一笑に付したはずや……〉

と思わざるを得なかった。それこそまさに当事者にしかわからない痛みなのであった。

川口が初めて結石痛を経験したのは、まだ二十代の時分、フィリピンの島のホテルで夕食を摂っていたときだった。

当時、川口は、シノギのため足繁くフィリピンやタイなどの海外へ通っていた時期があったのだ。

そのとき、マニラから飛行機で二時間ほどの島へ飛び、そこからさらに単発セスナで二時間かかる辺鄙《へんぴ》な島へ赴いたのは、木工製品の買いつけとエビ養殖基地調査のためだった。

そのセスナがひどい代物で、飛行中、川口の座席の横のドアが突如ひとりでにバターンと開いたときには、さすがに川口も仰天したものだ。「おおっ！」あわててそのドアを摑んで元に戻し、そのまま着陸まで必死に手で押さえていなければならない有様だった。

だが、生きた心地もなく焦っているのは日本から来た川口一行だけで、パイロットはと見れば、蚊に刺されたほどの動揺もなく、平然としていた。

「こら先が思いやられる。何だか嫌な予感がするわ」

川口が同行した友人に笑いながらぼやいた。

まさかそれが現実のものになるとは、川口自身、思いもよらないことだったろう。

その日の夕方、島に一軒しかないホテルに着き、一行とテラスで夕食を摂っていた川口は、にわかに鈍い腹痛を覚えたのだ。

痛みがひどくなって堪らず部屋に戻り、苦しんでいると、その様子を見た友人から、

「結石かも知らん。水分補給せなあかん。ビールをじゃんじゃん飲め」

とアドバイスを受け、川口は部屋で延々三時間、ビールを飲み続けた。が、小便は出ず、何の効果もなく七転八倒状態は続いた。

その悶え苦しみから解放されるのは、医師が駆けつけてきて、モルヒネを注射された後のことだった。その効き目は絶大で、苦痛はたちまち消え去り、雲の上を歩くような快感に包まれた。

それ以来、川口は周期的に訪れる結石痛との闘いを余儀なくされるようになったのだった。

未決囚

神戸拘置所時代、毎日縄跳びに励んだのも、目的は結石対策であった。専門医が縄跳びで結石を降下させ、排尿で排石に成功したとの新聞記事を読んだからだった。

拘置所医からも房内ジャンプの許可を得て始めたことで、運動時間三〇分のうち一五分をランニン

グ、残る一五分を縄跳びに充てたのだ。
ある日、川口がしとどに汗を流し縄跳びをやり続けている姿を見て、いきなり怒声を放って立ち去った幹部がいた。葛城という保安課長であった。

川口は釈然とせず、正担当に理由の説明と願出の旨を申し出たところ、

「あんなアホ、放っておけ」

との担当の答えが返ってきた。川口がこの担当を信頼するようになったのは、このときからのことである。

平成三年五月、川口は銃刀法違反事件が刑期満了となり、受刑被告から未決囚の身に変わった。

それは川口にとって、処遇改善への徹底抗戦の始まりとなった日でもあった。それまではどちらかというと官には従順で御しやすい受刑者と自認していたのだが、保安課長に何かと鍛えられたせいだった。

あるとき、出廷に際し、所内の生活の決め事や規則を明文化した小冊子である「生活の手引」にも書かれてある靴の使用許可について願出したところ、不許可となったことがあった。許可された前例もあると正担当に確認したうえでの願出であっただけに、川口はことさら納得がいかなかった。

区長に対して不許可理由を求めたが、

「説明する必要はない」

とけんもほろろの回答、木で鼻を括ったような区長の対応があるきりだった。

これには川口も、

「なら、出廷せんど」

と逆襲に出た。

出廷日、川口がステテコにシャツ姿で居直り、出廷拒否の構えでいると、警備隊員四人を引き連れて来房した保安課長が、

「こらあ、貴様！　何さらしてんねん！　早う出廷せんかい！」

と怒鳴り散らした。

プイと横を向く川口に、保安課長は、

「何や、その態度は⁈」

ますます怒り狂い、従えた警備隊員たちに、

「連れ出せ！　早う連れ出さんかい！」

とヒステリックな声をあげて命じた。

警備隊員は端からあまりやる気がなさそうで、渋々といった態で入房し、座りこむ川口を二人がかりで両脇から吊りあげようとした。

その刹那、川口は己れの心臓を拳でドンと叩き、

「こらあ、おどれら！　どないしてもワシを連れて行く言うんなら、これを止めて連れ出さんかい！」

と裂帛の気合いで啖呵を切った。

これには川口の気性を知る警備隊員たちの動きが、思わず止まった。

房外で一人で興奮していた保安課長も、呆然とした顔になった。

「……む、む、川口、お、おのれってヤツは……」

結局、歯嚙みしながら、諦めて退却するしかなかった。保安課長や警備隊員たちの気合い負けといったところだった。

出廷の際の靴の使用許可を求めて起きたこの騒動、不許可に納得のいかぬ川口は、この件を面会に来た友人の社長に伝えたところ、社長が、

「よろしおま、私が掛けあったるさかい」

と請けあった。

社長は退庁時間を狙い定めて連日、大阪管区に押しかけ、終いには「強要で告訴する」とまで言われるほどの交渉を重ねた。

その結果、川口は、不許可を出した担当者による「訂正」という名目の実質上の謝罪、及び「生活の手引」の当該条項の刷新という異例の成果を勝ちとることができたのだった。矯正施設において、一部分とはいえ、「生活の手引」の条項の刷新など考えられなかった。

川口の躰を張った抗戦と友人の粘り強い交渉が奏効した結果であった。

この一件で、川口と区長並びに保安課長との立ち合い面接があったときのことだ。

川口にとって、権柄ずくに上から物を言ってくる輩ほど鼻もちならぬ存在はなく、区長がまさにその典型であった。保安課長と話をしていると、その区長が横から口出ししてくるので、川口は、

「おんどれは黙っとれ！　課長と会話中や。了解も得ずに、礼儀をわきまえよ」

と怒鳴りつけた。

絶妙のタイミングであった。区長は口を襟《つぐ》み、顔を真赧《まつか》にさせて震えだした。

川口は内心でしてやったりと小気味良さを覚えたが、それこそ東清総長から学んだ流儀であった。

それは昭和五六年ごろの抗争事件の折、西成署刑事課長と東大出の二十代見習いキャリアが東組本家事務所へ来訪してきたときのことだった。当番の手違いで、つい二人と総長とを遭遇させてしまったことがあったのだ。刑事課長から、

「総長、西成署まで来てもらいたいんですが」

と請われ、東清は西成署へ赴く破目になった。

そのとき、車を運転し総長を送っていったのが、川口であった。

川口が刑事課の部屋の外で総長と刑事課長たちのやりとりを聞いていると、二十代のキャリアの権力丸出しの対応が鼻についた。

刑事課長は西成署の四課をつとめているだけに経験豊かで総長を立ててくれるのだが、キャリアの態度が悪かった。総長と刑事課長が対話中にも拘わらず、

「だいたいおまえらヤクザが世間を騒がせて」

云々と横から喧《やかま》しく口を出してくるのだ。

川口が部屋の外で苦々しく思っているそのとき、

「黙まらんかい！　いま、課長と話しとる。礼儀をわきまえよ！」

東清が一喝した。途端に静かになり、キャリアのシュンとなる気配が川口にも伝わってきた。これぞ学歴ではない、人間の貫禄の違いというものであった。

不衛生きわまる拘置所

その後も川口は、獄中の処遇改善のために官の圧力にも屈せず立ち向かい、一つひとつ改善を実現させていく。

自身が所内感染によって大病を得たことも、そうした闘争のきっかけとなった。

平成四年正月明け、川口はひどい腰痛を覚えた。歩くのもやっとの状態で、受診し採血した結果、C型肝炎との診断であった。

ＧＰＴ、ＧＯＴ数値が七〇〇ＩＵ／Ｌ（正常値五〜四〇）近くに達しており、医務課長は、

「この数値が本物なら、即入院だ。おそらく検査ミスだろう」

と述べたが、一カ月後の再検査でも同じ数値が出た。

即座にベッド室で横臥し、肝数値を下げるミノファーゲンの点滴となった。それからおよそ一年間、点滴生活は続いたが、数値は三〇〇を上まわり、それ以下に下がることはなかった。

その間、川口はさまざまな症状に悩まされ、死線を彷徨ったこともあった。

四月二八日夜、就寝前、突然吐血し、それが一〇〇〇cc、洗面器の半分を満たすほどの量に及んだのだ。川口は意識を失ってリノリウムの床に倒れこんだ。

そのとき川口は不思議な体験をした。

「おお、マーちゃんやないか」

目の前に、死んだはずの年長の友人が現われたのだ。マーちゃんは、

「遊びに行こう」

と川口を誘ってきた。

川口は昔、このマーちゃんたち仲間三人と、実家のプラスチック加工工場で片付けをしていて、とんだ目に遭ったことがあった。

川口の実家の工場は陸軍の厩舎を改築したもので、ガラス玉を作る窯が据えてあったり、得体の知れない薬品の類も置いてあった。

「これは何やろな？」

藁縄で縛ってある三本の瓶を見つけた川口が、一瓶ずつほどいて開詮しようとしていると、

「よせ！　何やらわからんもんを危ないで！」

マーちゃんがいつになく強い調子で止めるので、川口は作業を止め、その瓶を裏の井戸に放り込んだ。さらに上からレンガを落として瓶を割った。

その途端、大音響が轟き、水煙と火炎が何メートルも噴きあげたものだから、四人は仰天し、這々《ほうほう》の態で退散し、難を逃れた。

残りの薬品の処理に困った川口が、知りあいの不良消防署員に相談すると、彼は、

「よっしゃ、そないなときには、処理班のお出ましや」

と請けあい、消防署から処理班を出動させて残りの薬品をすべて回収した。それで一件落着のはずだった。

ところが、その夜、消防車のサイレンがけたたましく鳴るので、川口たちが現場へ駆けつけてみると、工場の周辺の家の屋根のあちこちから火があがっていた。

昼間、水煙とともに飛散した薬品がまわりの家の屋根に残っており、それが雨に反応して点火したものだった。川口は、もしマーちゃんに止められなかったら、小雨の降るなか工場で瓶を開詮していたのは間違いなく、危ないところを助かったのだ。

まさしくマーちゃんは命の恩人であった。

その命の恩人のマーちゃんが、死んだはずの身で、吐血し意識を失った川口の前に現われたのだ。

遊びに行こうと誘うマーちゃんに、

「今日は用事があるから、またの機会にしてや」

と断ったところで、川口は意識を取り戻した。気がつくと、警備隊員の腕の中だった。

「大丈夫か」

と警備隊員に声をかけられ、川口は目覚めた。

マーちゃんの誘いに乗っていれば、そのまま彼の住む彼岸へ行っていたかも知れず、それは紛れもなく川口の臨死体験であった。

川口はすぐにシャバの病院へと担ぎこまれ、胃カメラ検査を受けたが、原因がわからずじまいで、拘置所へ戻され、後日、医務課長から、

「拘置所ではこれ以上の検査はできない。所外病院で精密検査をしてもらってくれ。意見書は書いたから」

と申しわたされた。

これには川口も、執行停止か、シャバか——と期待を持ったのだが、時を経ていつのまにか立ち消えとなり、叶わなかった。

が、C型肝炎治療のため、刑事施設では初の試みとなるインターフェロンの官費投与を受けられるようになったのだから、画期的なことだった。「官」自ら所内感染を認めたも同然の処遇であった。

川口の見るところ、おそらくC型肝炎の感染源は、当時使いまわされていたヒゲ剃りやバリカン、爪切り、針の類であろうと睨んでいた。

川口は神戸拘置所におよそ九年収容された後、大阪拘置所、宮城刑務所、府中刑務所と順に移監されるのだが、どの施設も不衛生極まりなかった。宮城刑務所では爪切りに肉片や血が付いていたこともあり、その場で刑務官に見せ、処遇本部に報告してもらうよう頼んだこともあった。

こうした状況下での感染だったので、神戸拘置所に限らずどの施設においても、川口は爪切りや針の衛生面については官と粘り強い交渉を続け、改善を実現させるに至ったのだった。

宮城刑務所時代、腰痛と拒食で横臥となったとき、医務部長の面接を受け、川口が要求したのは、爪切りの使いまわしの廃止、マスクの使用許可、バリカンの整備など理髪の見直し、水虫対策として

の五本指靴下の使用――等であった。

その場では「会議に諮る」との答えであったが、後にほぼ要求は通った。花粉症対策のマスク使用許可が出たときには、むしろ懲役囚以上に刑務官のほうが喜んだものだ。

川口が二度目の死線を彷徨ったのは、平成一一年四月二八日夜、大阪拘置所においてのことだった――。

その日、川口は元広島拘置所総務部長の作家・坂本敏夫と知人看護師の面会を受けた。

見た目にもげっそりと窶《やつ》れ、蒼ざめた面持ちの川口を目のあたりにした坂本が「川口さん、顔色が良くないですね」

と気遣った。

「ええ、ずっと風邪ぎみで頭痛がしまして……」

と川口は応えたが、その夜から体調は悪化し、頭痛は激しくなり、嘔吐と下痢に苦しんだ。それが五月三日まで続いて、さすがの川口も、

〈いよいよワシも御陀仏かいな……〉

と死を覚悟したほどだった。

思えば正月明けから風邪をひき、翡翠色の鼻水や痰が出続けていたことが、死線を彷徨う前兆であったかも知れない。二月に入って、併せて花粉症を発症したにも拘わらず、たかが風邪や花粉症――と侮ったことも良くなかった。

川口が生まれて初めて花粉症を発症したのは四年前のことで、それまで花粉症に対し、女子の発症するものぐらいの認識しかなかったので、自身で苦笑した記憶があった。

ゴールデンウイークということもあり、区専属看護師がいなかったことも災いした。三六・〇度前

後が平常値の川口にすれば、体温三六・八度は高かったが無視され、ゴールデンウイーク中の横臥欲しさの詐病と疑われたのだった。

無理やり食べても嘔吐や下痢がひどかった。堪らず川口が官に、

「水分さえも吐いてまう」

と申告しても、アスピリン投薬の処置があるのみだった。

五月三日、出勤してきた正担当が川口の顔を見て、まるで幽鬼のような形相に、

「川口……」

と絶句し、その苦しみを思い遣って思わず涙を流した。

担当は川口の房に転がるリンゴを集め、炊事場でジュースにして冷やし、それを川口に届けた。これには、川口も胸中で手を合わせ、

〈なんとしても生き抜かねば〉

と気持ちを強く持つことができた。

五月六日、川口がようやく頭痛から解放されたのは、左耳内に突如水ぶくれが数個できたことがきっかけだった。代わって歩行困難に陥り、この年の秋まで車椅子生活を余儀なくされた。

拘置所医師はベル麻痺と誤診、後日、血液検査でラムゼイ・ハント症候群と診断した。顔面麻痺、兎眼、歩行困難を伴なう眩暈、ひどい耳鳴りなどの症状が出る病だった。他にも会話中の激しい咳き込みがおよそ二年ほど続き、一日だけ右目の視力も失われた。翌日には光は戻ったが、右視力は著しく低下したままで、眩暈や暗所ふらつきなどの後遺症もずっと残った。

川口は大阪拘置所病舎に入病し、ステロイド治療を受けたが、副作用から凄まじいシャックリに見舞われる。息を吸うことも吐くこともままならず、一時的に息が止まった状態となり、それを繰り返

すのだ。

獄中という劣悪な環境と処遇の悪さもあって、川口は何度もそうした病魔に侵され、試練に次ぐ試練を重ねていく。

その数々の試練を、不屈の闘争心とたゆまぬ努力とで克服し、乗り越えて行った男が川口であった。

川口は後に、健康を徐々に取り戻すと、身体を鍛え始め、シャドー縄飛び、腹筋、拳の腕立て伏せなどの厳しいトレーニングを己に課し、肉体鍛錬に励んでいく。

不当判決

川口にとって運命の日となった判決公判——平成八年二月七日。

その日、神戸地裁尼崎支部前は、朝から詰めかけた報道陣の車でごった返していた。

傍聴希望者も多く、定員オーバーのため籤《くじ》引きで当たった者が入廷できるシステムが採られた。

川口の率いる二代目清勇会関係者も、駆けつけた一五人ほどのうち、入廷できたのは三分の一の五人であった。そのなかには川口の親分である東勇の顔も見られた。間もなく言い渡される判決に対し、少しも楽観していない様子なのは、その固い表情からも窺えた。

「キャッツアイ」で銃弾が当たり巻き添え死した娘の位牌を抱いた母親の和服姿もあり、彼女は捜査員にガードされて、裁判所の中へと入って行った。

午前一〇時、神戸地裁尼崎支部三〇一号法廷において、川口和秀を被告とする「キャッツアイ」殺人及び殺人未遂事件は開廷となった。

シーンと静まりかえるなか、裁判長の、

「被告人、前へ」

の声が法廷内に響きわたった。

川口が法廷中央にある証言台の前に立った。いよいよ判決が下される瞬間であった。

川口は、はたして有罪となるか、無罪が出るか、もはや諦めの境地であった。やはり期待以上に不安のほうが勝っていたのは否めない。が、もういまさらじたばたしても始まらなかった。

判決に臨む川口の一念は、たとえどんな断が下されようと、己を見失うような言行は控えたい、みっともない姿だけはさらすまい――というものであった。

唾を飲みこむ音も聞こえてきそうな静寂が法廷内を支配するなか、裁判長が、いままさに判決を言い渡そうとしていた。

裁判長から発せられるのは、被告人「は」か、被告人「を」か――川口の関心はそこにしかなかった。無罪の場合、「被告人は、無罪」となるが、有罪の場合、「被告人を××に処する」となるからである。

だが、わずかの期待は裏切られ、不安は現実のものとなった。

「被告人を懲役一五年に処する」

裁判長が淡々と声を発し、続いて判決文を読みあげていく。

「振柿、奥乃は、二人とも、被告人といわゆる親分・子分にある古くからの配下であった。組関係の特殊社会にあっては、配下の者が親分に重い刑事処分が及ぶような不利益な事柄を警察にもらすことは、たとえそれが真実のことであっても、命がけの勇気・決断のいることと考えられる」

「親分を陥れるために真実でない虚偽の事柄を警察官に述べて親分に刑罰の及ぶ状況を作り出すということとは、良心のとがめから出来にくいといった次元を超え、著しい反逆行為として特殊社会から命さえも狙われかねない厳しい報復の予想されることであるから、通常は考え難い事態と思われる。

そうしてみると配下の者が親分に刑事処分の及ぶことを供述する場合、それ自体で既に真実性を担保する一事情とみることも可能である」

「振柿のみが語り得る被告人からの指示内容や、やりとりの状況などについて多くの事実を挙げており、自己の心情を交えて生き生きとかつ臨場的に語る場面も少なくない」

「被告人から預かった拳銃を赤松の姐さんに預けて、同女から奥乃に出してもらったとのいきさつ部分についても、『ええもんやから見るなよ』『大丈夫でっか』『おお、かまへん。俺の方から電話一本入れておくから』といった慎重さと大胆さの交錯するやりとりが具体的、迫真的であり……被告人との関係で当時の振柿の心情を生々しく表現している点において強く信憑性が感じられる」

裁判長の口から発せられる「臨場的」とか「迫真的」との単語だけが、川口の頭の中を経巡っていた。

〈何が臨場的や！　何が迫真的や！　東大出たかどうか知らんが、裁判官ともあろう賢い人間が猿芝居の調書にコロッと騙されよってからに。まるっきりアホやないか！〉

川口は沸き出る怒りを抑えて、どうにか裁判長の朗読する判決文を最後まで聞くのが精一杯であった。覚えていたのは無罪ではないという厳とした事実と、「臨場的」「迫真的」という単語だけだった。

傍聴席で判決を聞いた東勇は、ガックリと肩を落とした。このとき、間もなく還暦を迎えようとしていた勇にとって、何よりショックだったのは一五年という刑期の長さに、

〈もうヤツと生きてシャバで再会するのは無理かも知れへんなあ……〉

と寂しさという言葉では言い表わせない、身を切られるような切なさが胸いっぱいに溢れてきた。

〈なんちゅうこっちゃ。川口のような孝行息子もおらんのに、ワシはそれに報いるに、無理やり清勇の跡目を押しつけ、重荷を背負わせるようなことをしてしもて……堪忍したってや。せやけど、寂し

いで。川口、ワシは無性に寂しなあ〉
勇は腹で泣かずにはいられなかった。
一方で、目を伏せて判決をジッと聴きいっていた流れ弾の犠牲になった娘の母親は、判決後の記者会見で、
「被害者の母親として不満はありますが、裁判長の判断は尊重します」
「今後も短銃撲滅、暴力追放の運動を続けたい。娘も一緒に判決を聞いているのだから、私の気持ちはわかってくれるはず」
と語った。
マスコミ報道はこぞって、
「兇悪な暴力団に対して果敢に闘う被害者の母親」
というわかりやすい構図に仕立てあげ、
《組関係者五〇人が取り巻く中を通り抜け傍聴席へ》
《主文が言い渡された瞬間、傍聴席の組員が飛び出し廊下の仲間が携帯電話で連絡するなど騒然となった》
とか、あるいは民事訴訟で被告人が母親に四〇〇〇万円を支払うことで和解が成立した件に関しても、
《暴力団組長側は約束の時間に遅れ、代理人弁護士と暴力団関係者が持参した現金は四千万円には足りなかった。付き人らしき人間がズボンのポケットから札束を出した。札束には血がついていた》
などと明らかに事実と相違する記事を書いて、ことさらヤクザの悪さを強調したものだ。
ともあれ、川口に下されたのは無罪判決ではなく、懲役一五年に処するというもので、弁護団の懸

命の努力も、証人台に立った大勢の証人の証言も、一人奥乃を除いて悉く否定された形となったのだった。

懲役一五年の判決にも、川口は背筋をピンと伸ばしたまま眉一つ動かさず、いつも通り淡々とした落ち着き払った態度を貫いた。

どのような判決が出ても、取り乱すような所作は慎むべしと己に課した誓いを守った結果だった。それでも胸中は憤懣やるかたなく、目の前に立ちはだかる権力の壁の前に、空しさや無力感を覚えずにはいられなかった。

それにしても、人情の機微とか世間の裏表には通じていそうもなく、人間理解にも乏しすぎるとしか思えない裁判官の判決文は、耳を疑うものだった。

「本件では、配下の振柿と奥乃が、親分であった被告人を殺人という重大事件のいわば首謀者であるとする事実関係をそれぞれに供述している。一人のみならず二人までもが、具体的な事実をあげ、かつそれぞれに補強しあう形で被告人の本件関与を述べているのである。このことは、被告人に関する両者の供述の信用性を検討するにあたって重視せざるを得ない」

その振柿の供述の信用性という代物が、

「奥乃が拳銃を持っていないと言っていることを被告人に伝えた際、『あのアホは子供だましみたいなことを言いやがって。そんなこと言うて通用すると思うとんのか』と激しく怒られたくだりなどは……そもそもタマ取りの指示という本筋そのものの会話ではないのに、具体的かつ生き生きと供述されているこの周辺のやりとりが、でっち上げで創作された虚偽のものとは思われ難く、これらと密接に関連する被告人からの指示という本筋部分の振柿供述の信用性が高いことをうかがわせる」

という程度のものなのだから、何をか言わんや、話にならなかった。

とうとう川口は、そんな元若者二人の虚偽供述のみによって、公判ではその供述を覆す証言が数多く出てきたにも拘わらず、有罪とされてしまったのである。

認められなかった争点

公判での争点は、

一、昭和六〇年九月一〇日、川口被告が振柿と堺市内の会社で会った際、対立組員を殺害させるよう指示した。

二、九月一八日、腎臓結石で入院中の被告人が病院を一人抜け出して、阪堺線の宿院駅付近まで乗用車を運転、そこで振柿に拳銃を手渡し、振柿から赤松國廣姐を介して奥乃の手に渡るよう指示した。

三、九月二一日、一八日同様、被告人は病院を抜けだし、堺市内のファミリーレストランに奥乃を呼びだし、キャッツアイに行けと直接対立組員の殺害を命じた。

――との三点だった。

一つ目については、振柿自身が川口被告の第一一回公判に証人出廷し、

「川口会長からは何も指示・命令されておらず、警察での供述はすべて自分が創作したものである」

と証言している。

二つ目については、第四〇回公判（平成五年一一月一五日）に弁護側証人として出廷した東組本家若頭森下和美の証言によって、振柿の供述が捏造であったことが指摘された。

森下証言によれば、振柿が拳銃を受けとったのは、川口被告からではなく、森下和美からであったという。森下は、

「振柿は出所間もないころ、拳銃をさばいてくれと私のところに五丁持ってきたことがあって、なんでも川口会長から放免祝い代わりにもらったもんや言うとった。その拳銃を三丁さばいたころ、振柿からどうでっかと問いあわせがあり、二丁残っとると答えた。日にちは覚えていない。一丁貸してくれ言うんで、その日に返すことにした。住んどる近くで、午後七時か八時ごろやった」

との要旨で証言したのだ。

森下が振柿に拳銃を手渡した場所は、大阪市西成区山王の東組本家事務所裏にあるワコウ浴場という銭湯近くの路地であった。

めったに人通りもなく、拳銃の受け渡しには相応しい場所だった。森下は靴下だったか手袋に拳銃を入れ、二〇発の実弾とともに紙袋に収めて手渡したという。拳銃の種類は三八口径回転式であった。

いつどこで拳銃と実弾の受け渡しがなされたのかということの森下証言は、四八回公判（平成六年一一月七日）での振柿証言ともピタリ一致しており、川口の弁護団にすれば、それまで空白となっていた拳銃の出所の解明がなされたといっていい性格のものだった。

では、振柿はなぜ拳銃を川口から受けとったという虚偽供述をしたのか、四八回公判でこう証言している。

「私自身が川口会長に対していろいろな誤解をしていました。長崎県の自宅にいたとき、警察から電話がかかってきました。刑の執行猶予がつくので、拳銃は宿院の駅前で会長から貰ったと言うように警察から言われました。宿院駅前での時間は警察が決めました。

いままで森下氏の名前を言えなかったのは、森下氏に相当な世話になっていましたから。会長には自分をいたぶっているという誤解もあったからです。森下氏の名前は出しづらかったのです」

検事「なぜ森下氏のことを話す気になったのか」

証人「森下氏が証言したことを自分の弁護人から聞かされたので、正直に話す気持ちになりました」

裁判長「ふざけたことを言うんじゃない。被告人が共謀とされていることは、一生の問題である。事件は殺人事件である。森下氏を立てて、自分の親分を見殺しにするのか」

証人「それについては親分に申しわけないと思っております」

二重のアリバイ

そして公判での三つ目の争点である昭和六〇年九月二一日の堺市のファミリーレストランでの一件。その日夕方五時、被告人が奥乃に会って直接殺害を指示したという点に関しても、川口弁護団の地道な調査によって新たな事実が判明したのだ。

それは同日のその時間帯、奥乃は徳島県阿南市の元の妻子のところを訪ねていて堺市にはいなかったという紛れもない事実であった。

奥乃の元妻は、第四六回公判（平成六年七月一八日）に弁護側証人として出廷、奥乃がその日昼過ぎに、彼女と一歳の娘が住む阿南市のマンションへ訪ねてきたことを証言したのだ。

いつもは車で来るのに、この日、大阪からフェリーでやってきた奥乃は彼女に、

「いま、組は抗争中やさかい、行動隊長のワシがタマ取りに行かなならんのや。一五年は懲役行くやろが、少し逃げてから出るつもりや」

と打ち明けたという。

元妻は、

「娘がいてるんやし、そんなこと止めて。行くんなら籍を抜いてください」

と反対したが、奥乃は激昂し、拳銃を彼女に突きつけて、

「そないなこと言うんやったら、おまえを殺したろか」

と脅した。

それから奥乃は何事もなかったかのように彼女と娘とで外出し、幼ない娘のためにミキハウスで一五万円ほど服を買った。夕方、三人は食料品を買い、割烹料理店「大和」で一時間食事をした。午後七時ごろ、マンションに帰宅し、元妻といろんな話をした後に奥乃が帰ったのは午後九時ごろだった。小松港までタクシーで行き、午後一〇時発のフェリーで大阪へと帰ったのだ。

となれば、奥乃の供述調書にある、同日夕方五時、堺市のファミリーレストランで川口と会っていたというのは、どう考えても不可能で、病院側の証言とともに川口の二重のアリバイが成立することになる。

だが、この元妻の証言を、神戸地裁尼崎支部は、「ためにする証言」として排斥し、他にも直接間接に被告人の関与を否定する多くの証人の証言は、信用できないとして悉く退けられたのだ。

裁判官が唯一信用したのは、妻を介して二度にわたり、法廷での証言の代償として被告人に一億円を要求してきた男のほうだった。

かくて平成八年二月七日、一審判決で懲役一五年が下り、川口は即日控訴した。

川口が神戸拘置所から大阪拘置所へと移監となったのは、翌平成九年二月のことである。

川口が「ひよどり山荘」と名づけた神戸拘置所での在籍九年は、同拘置所最長記録となった。

神戸拘置所は六甲山系の中腹、海抜四〇〇メートル辺りに位置する厳寒地で、冬の寒さは並大抵のものではなかった。

ひよどり山荘と名づけたように、その分、自然環境は抜群で空気は清浄、夏はさながら別荘地の趣

きがあり、春から夏にかけてウグイス、キジの鳴き声、冬期以外はホトトギスの鳴き声も快かった。

運動場には桜や山茶花《さざんか》、ツツジ、ライラックなど、目にも鮮やかな花々が咲き競って楽しめたし、収容棟の間の庭のクチナシが白い花を咲かせ、甘い芳香を漂わせるころには初夏の季節の到来を感じることができたものだった。

川口の房には三センチほどのクワガタが二年間ほど住みついたこともあった。夏の満月の夜、川口の顔面を這いずりまわる物があって、ハッと目覚めると、そのクワガタであった。

川口はその相棒のためスポンジを刳《く》り貫いて冬眠用のベッドを用意し、蜂蜜や果物などを与えたところ、二年間生存し続けたのだ。

鳩が団栗《どんぐり》を食べることを初めて知ったのも、この神戸拘置所時代だった。冬の夕方、房の裏窓のほうからポトリポトリと音がするので、川口が見てみると、鳩が驚くほど大きな団栗を吐き出している音であったのだ。

平成七年の阪神・淡路大地震と遭遇したのも神戸拘置所にいた折で、驚かされたのは地震の翌日である。あの異常事態のなか、若者の山岡と今井が堺市から二〇時間かけて面会に来たことだった。

「おまえら……こないなか、よう来れたのう……」

川口はその忠誠の篤さに、帰房後、目頭を熱くしたものだ。

彼らこそ川口の二二年間の留守を守り、事務所の灯りを点し続ける男たちだった。

第六章　支援者たち

画家・山本集

独居に一人、長期拘留の身の川口にとって、何より心が癒されるのは、友人の面会を受けるときだった。

ほんのわずかな面会時間とはいえ、心が通じあった懐しき友との至福ともいえるひととき。

古くから親交のある池澤望と山本集《あつむ》とが二人で一緒に神戸拘置所へ面会に来てくれたときも、川口はうれしさを抑えきれなかった。

「本部長、クマさん、二人ともお忙しい身で、こないなとこまでわざわざ来てくれたんでっか。おおきに、すんまへん」

「何言うてまんのや、川口さん、そんな他人行儀なこと言うたらいかんぜよ」

池澤が笑いながら手を横に振った。

平成一三年五月に三代目俠道会を継承することになる池澤望は、この時分、二代目森田和雄会長のもと、同会本部長の要職にあった。

川口が少年のころに縁を結んだたった一人の兄弟分・故滝下健夫の親分だった男が、この池澤であった。その縁を通して交流が生まれて友情を育み、いまや言葉を交わさずとも互いにわかりあえる仲となっていた。

「会長、お久しぶりでんな」

池澤の隣りで、小柄な池澤の躰の倍もあるような巨漢が、いかつい顔を綻ばせた。画家の山本集であった。

「クマさんもお元気そうで……あっ、こらいかん。いまや立派な画家にならはった先生を捉まえて、クマさんは失礼ですわな」

「何言うてまんねん。やめとくなはれ、会長、汗が出ますがな。絵描き言うてもヒヨッコ、まだまだ修業中の身でんがな。せやけど、会長、ワシがこうして曲がりなりにも絵描きになれたいうんが、ワシ自身、いまだ信じられまへんのや」

「そら、クマさんの才能と努力の賜ものですがな。山本先生の絵は、生きざまそのもんが出てますんや。そこが人の胸を打つんと違いまっか」

「おおきに。ワシが絵描きになれたのも、会長のお陰ですわ。初めての個展のときの心遣いといい、生涯忘れまへんで」

狭い面会室で巨体を窮屈そうにしながら、山本はアクリル板の向こう側に座る川口に頭を下げた。

「何をオーバーな……それこそ他人行儀でっせ」

川口が静かに笑うと、二人の遣りとりを見ていた池澤も、愉快そうな顔になった。自分の笑いがいつ以来のことになるのか、川口は自身でも思い出せなかった。

山本集はかつて大阪の博徒の名門・諏訪一家に所属し、山本組組長として同一家若頭補佐までつとめる筋金入りの極道として鳴らした。

が、平成元年一〇月、四八歳のとき、組を解散して極道の足を洗い、画家として再出発、すでに大阪、東京で個展を何度も開催していた。作品は富士山を主題に描いたものが多く、個展のたびに何百点もの絵が完売するほど人気も高く、画家としての評価も定まりつつあった。

山本が友人の支援で初めて大阪で個展を開いたとき、

〈ワシのようなもんの絵がはたして世間に通用するんやろか。絵が売れるどころか、客も来てくれへんのと違うか……〉

と、山本もさすがに不安は隠せなかった。が、それも杞憂に終わり、個展の開催日、客は引きも切らず押し寄せ、絵も完売した。

そのとき、獄中にある川口が、カタギの友人たちに動員をかけ、

「山本先生の個展に行って絵を買ってや」

と頼んでいたことは、後に山本の知るところとなる。

〈自分は獄中にあって冤罪事件を闘っている最中やないか。とても人のことどころやないはずなのに、なんちゅう男や！　できんこっちゃ……〉

山本は、川口の友情が胸に沁みるとともに、その義の篤さに驚嘆せずにはいられなかった。

ヤクザから画家に

山本が川口と知りあったのは、昭和五五年六月、京都の山科刑務所に服役中の折だった。山口組武闘派組織との抗争で懲役二年八カ月の刑を受けて服役していたときで、残刑一年六カ月という時期であった。

その日、山本は四〇日間の懲罰房での独居拘禁が解かれ、雑居房に戻ってきたばかりだった。たった独りで他人と話もできず、新聞も本も読めず、ラジオも聞けず、一日中壁を睨んでいるだけの気も狂わんばかりの孤独地獄からようやく脱け出てきて、山本もさすがに憔悴しきっていた。

そのとき、山本に、

「御苦労様でした。これ、名前が入ってまっけど、一度も使っとりません。もし、よろしかったら、使ってください」

と真新しいタオルを差し出す者があった。

初めて顔を合わす相手であった

ネーム入りは官の支給する品物ではなく、差し入れによる個人の私物であることを示していた。そこには「川口」とのネームが入っていた

「おおきに。恐れいります。ありがたく使わせていただきます」

川口から差し出されたタオルを受けとりながら、山本は、

〈これぞまさしく、落ちぶれて袖に涙のかかるとき人の心の奥ぞ知らるる――やないか……〉

と、日ごろ好んで口にする歌を、胸の内で暗誦していた。初めて会った一瞬のうちに、山本は川口に感じいり、惚れこんでしまっている己を発見していたのだった。こら長いつきあいになるやろ、いや、死ぬまで心と心でつきあえる男に出会ったのだ――という直感。

このとき、山本は四〇歳、川口は二七歳であった。

だが、山本にとって川口はそんな歳下であるということなどまるで感じさせない、いまだかつてお目にかかったことのないヤクザであった。物静かな男で、工場でも何があっても動ずることなく、泰然と日々つとめていた。

山本は毎日川口と接するうちに、

〈東組の二代目清勇会会長いうて噂に聞いて、どんな人かと思っとったが、なるほど、こら大きな男や〉

との思いを新たにしていた。

間もなくして、そんな川口の真価をさらに知らしめる事件が出来《しゅったい》する。

発端は川口と山本の作業する工場内で、他の受刑者が密かに入手し隠していた少なくない煙草が官に露見したことだった。

煙草は重い反則行為であり、当然首謀者は懲罰房入りを覚悟しなければならなかった。連日、官によって厳しい詮議が行なわれた。

その際、

「自分一人でやりました」

と名のり出たのが、川口であった。だが、単独では到底できない行為であることを、刑務所側は摑んでいた。

それでも川口は、頑として一人で計画し実行したと言い張った。

「一人じゃ無理や、川口。他に名のり出る者がおらんかったら、全員懲罰やで」

一人で罪を背負おうという川口に対して、官もまた頑強にそれを認めなかった。

埒が明かないと見た川口が、次にとった行動こそ、山本を瞠目せしめたものだった。

川口が打って出たのは、一日に三度配給される食事をすべて拒否するという、いわゆる〝シャリ抜き〟、断食行為であった。

事なかれ主義の官が最も嫌う戦術だった。これでもし受刑者に死なれでもしたら、刑務所側の責任が追及され、社会的な問題に発展しかねないからだ。

官は渋々ながら川口の主張を認め、彼一人を懲罰に付した。他の受刑者は一切不問となったのだ。

一人従容《しょうよう》と懲罰房入りした川口の所作に、山本は心底シビれた。

山本を呆れさせ激怒させる事態が起きたのは、その後のことだった。工場仲間たちがこれを嬉々として看守に見つからなかった煙草が数十本出てきて、ほとぼりがさめたころ、工場仲間たちがこれを嬉々として喫煙しようとしたのだ。

それが山本の逆鱗に触れた。

「こらあ！　おどれら、いったい何を考えとるんじゃい！　おまえら、いったい誰のお陰で懲罰も行かずにぬくぬく暮せとる思っとるんや⁈　川口さんが躰を張ってくれたからやないか。その恩義も忘れて、またその煙草吸おうちゅうんかい⁈　どんな了簡さらしてけつかるんじゃ。オレは許さんど！その煙草は川口さんが出てくるまで待って、川口さんに渡すのが筋違うんかい。違うか⁈　文句のあるヤツは出てこい！」

もとより誰も出てくる者はいなかった。凄まじい怒りを見せる山本の迫力の前に、皆がシュンとうなだれ声もなかった。

後に、長い懲罰房の独居拘禁を終え、雑居房に戻ってこの一件を誰からともなく聞いた川口は、〈やはり……あの男ならさもありなん。そういうところで筋を通せる男となると、そうざらにはおらん。男の性根いうんは、ギリギリの場面で見えてくるもんや〉

との感想を抱いた。

以来、川口も山本に一目置くようになり、二人の長くて深い交流が始まり、シャバに出てからはなお一層親密さを増していく。

山本は川口とつきあえばつきあうほど、その人物に魅せられ、男として惚れこんでいった。山本にとって、川口こそヤクザになるために生まれてきたような男であり、男とはこうあるべしというときの手本であり、「男の教科書」のような人物――との思いを強くしていく。

あるとき、山本は野球賭博で負けて一五〇〇万円の金が入り用になった。むろん山本には用意できない。切羽詰まって川口に電話をかけて借金を申しこむと、

「わかりました。明日来とくんなはれ」

となり、山本が担保代わりの手形を持参して行くと、

「これ、何ですか、山本さん」

「手形で悪いんでっけど」

「こんなん要るようなつきあいやめときましょ」

と、何も言わず、ポンと金を出すのが川口の流儀であった。

山本があれほど好きだったヤクザの足を洗い、画家に転身した決定的な契機も、川口がキャッツアイ事件で長い獄中暮らしを余儀なくされたことが大きく影響していた。山本は折に触れ、

〈もし会長があんな事件に巻きこまれず、シャバにおったなら、ワシはヤクザを辞めてなかったんやないか……〉

との思いに捕らわれた。

川口が囹圄《れいご》の身の歳月を五年、一〇年と重ねるにつけ、山本集は、

〈考えてみたら、川口会長がパクられてくれたお陰でオレは絵描きにもなれたし、殺されんと生きてこれたようなもんや……オレにとったら、命の恩人や。あの人に会わなかったら、ワシの人生、一八〇度違とるかわからん……〉

と思わざるを得なかった。

山本が組を解散したころというのは、ヤクザ界に大きな地殻変動が起きていた時代だった。業界再編・寡占化現象が全国を席巻し、独立組織は軒並み関東や関西の広域組織の系列下となる傾向にあっ

た。

　そうした時代のうねりに、山本の属する諏訪一家も否応なく巻きこまれ、この浪速の名門もまた、山口組傘下となることが濃厚になっていた。

　だが、山本に山口組入りの選択肢は些かもなく、ヤクザの足を洗うしかなかったのだが、何より好きで自分の行く道はこれしかないと選んだ渡世であっただけに、それを決断するときの懊悩も大きかった。ヤクザを辞めるという山本に対し、ほうぼうの組から誘いもあった。

　これには山本も、

「浪商で野球やってたときには、張本と違うて、ワシにスカウトはひとつもかからんかったんやがのう」

　と苦笑するしかなかった。「張本」というのは、プロ野球に入り（東映―巨人―ロッテ）、日本一の三〇八五安打を打った、浪商高野球部時代の同期で親友の張本勲のことだった。

　このとき、山本の頭にあったのは、一年ほど前にキャッツアイ事件で逮捕されていた川口のことで、〈いまは捕まっとるが、川口会長が出てきたらなんとかなる。清勇会の相談役でも何でもいい、会長の舎弟、いや、若い衆になってでもワシは会長を男にしたる〉

　と心底考えていた。それがまさか二二年もの獄中暮らしになるとは、山本も夢にも思っていなかったのだ。

　それほどまでに惚れこんだ男が川口であり、ヤクザを辞めずに続けるとしたら川口のもとでやることしか頭になかった。そしてそのままヤクザを続けていたら、たぶん生きてはいなかっただろう――とは山本本人ならずとも、彼の気性を知る誰もが口をそろえて言うことだった。

　だが、結果は、川口の長期勾留によって、山本はヤクザの道を断念せざるを得ず、友人の支援もあって画家をめざして死にもの狂いで取り組むことになるのだ。

そこから出た山本の結論が、

〈ワシは川口会長のお陰で絵描きにもなれたし、死なずに済んどる〉

となるのだった。

極道時代、〝居直りの熊〟と恐れられた山本は、

「男になって死に花を咲かせること」

を極道渡世に身を投じた最大の浪曼とし、躰を張る者は死にざまこそ肝心とする――という生きかたを貫いてきた。愛読書であった吉川英治の『新書太閤記』にある、

「さむらいの道、一生涯の華も実も、成るか成らぬかは、ただ死に際の一瞬にあること」

との文言を己の信条として生きてきたのだ。ここでいう「さむらいの道」こそ、山本の考えるヤクザの道であり、男の道であった。

そんな山本の性分は、たとえヤクザの足を洗ったとしても、少しも変わるものではなかった。

山本集との別れ

獄中で山本の画家への転身を知り、そのことを心から喜び応援を惜しまなかった川口も、カタギになっても変わりようのない、止めて止まらぬ山本の極道気質を危ぶんだ一人だった。

そこで川口は親交のある池澤望に連絡をとり、

「私の友人で奈良に山本集という男がおるんですが、これは一人で放っておけんのですわ。いまはカタギになって絵描きになっとるんやけど、どうも絵描きで済まん。どこを切っても金太郎飴みたいにヤクザの血が流れとる人やから、ワシは獄中の身で心配でしゃあないんですわ。池澤さん、悪いけど、

一回、このクマさん山本集に会《お》うたってくれまへんか」

と頼んだのだ。

他ならぬ川口の頼みとあって、池澤はさっそく奈良の山本へ会いに行った。

山本にしても、現役時代に池澤の名前こそ知ってはいてもつきあいはなく、初めての対面だった。

山本は、尾道に本部を置く俠道会の大幹部がわざわざ奈良まで足を運んでくれたことに、恐縮したばかりか、

「実は川口会長から、山本先生にお会いしてくれとの伝言があって、こうして参上した次第です。私みたいな人間でよかったら、つきおうていただけませんか」

との池澤の口上に胸を打たれた。

〈こら、ようでけた人やなあ〉

山本は感じ入り、

「何を仰《おつしや》いますか、私のほうこそ願ってもないことです」

と応えてつきあいが始まるや、たちまち川口同様、実の兄弟以上に心の通いあう友人となったのだ。

平成八年二月七日、一審判決で川口に懲役一五年が下されたとき、無罪判決を信じて疑わなかった山本は、

「アホな！　裁判官はいったいどこを見てけつかるねん」

と憤り、無念さのあまり地団駄を踏んだ。

だが、平成一〇年六月の二審判決も控訴棄却となり、さらに平成一三年一二月、最高裁第二小法廷は、

「適法な上告理由に当たらない」

として被告側の上告棄却を決定、これを受けて懲役一五年を言い渡した一審二審判決が確定した。明けて一四年一月、川口は大阪拘置所から宮城刑務所へと収容された。

よもやそんな事態になるとは想像さえしていなかったので、一審判決が下りる前、山本は神戸拘置所へ面会に行った折も、

「会長が帰るまで、ワシ、生きとれんぞ」

とジョークを飛ばし、川口も、

「なあに、そんなん、クマさんが死んどっても、墓掘ってでも会いに行くわ」

と切り返してきたものだったが、もはやそれが冗談では済まなくなった。なにしろ宮城刑務所に収容された川口には、まだ一〇年近いおつとめが残されていた。

山本を病魔が襲ったのはそれから二、三年ほど経ったときのことだった。

膀胱癌の末期症状で、手術を受けたときには他の臓器への転移も確認されて手の施しようもなかった。

その後の数年にわたる闘病生活を、山本は心身ともに奇蹟的な強靭さで生き抜いた。山本を支えたのは、

「川口会長が帰ってくるまでオレは死ねん」

との一念であった。山本はいつしか、

〈川口会長はオレを絵描きにするために、オレの代わりに二二年もの間、刑務所に行ってくれたんや……〉

とまで考えるようになり、

「なおのこと、そこらの中途半端な絵描きでは終わらへん」

と全身全霊で絵筆を執り、魂をキャンバスにぶつけてきた。それが川口会長の恩義に報いることと——と、己に誓いを立てたのだ。

平成二三年一二月一七日——この日は、ちょうど一年前、川口和秀が東京・府中刑務所を出所、二二年ぶりに社会復帰した日に当たった。

この日、大手新聞紙上に一人の男の訃報が載った——。

《1965年に奈良・智弁学園高校野球部の初代監督を務めた画家の山本集（やまもと・あつむ）氏が16日、膀胱癌のため死去した。71歳（中略）

山本氏は大阪・浪商高野球部時代、後にプロ野球巨人などで活躍し3000本安打を達成した張本勲氏と同期。画家としては富士山を主題に描いたことで知られる》

川口の帰りを待つことを心の支えに癌と闘い、生き抜いた山本はまさに念願を果たして川口と再会し、まるで計ったかのようにその一年後、七一年の生涯を閉じたのだった。

山本の側近がその逝去を東京の癌センターの主治医に報告したところ、彼は、

「よくぞいままで頑張られましたね。普通の人なら保たなかったでしょう。それほどひどい状態だったんですよ」

と打ち明けたものだ。七年ほど前、癌が発見されたときには手後れの末期症状で、本来ならとっくに死を迎えていてもおかしくない状態であったというのだ。

山本はいよいよ川口が出所するというとき、その一週間前から、子どものようにうれしくて眠れなくなった。

当日は池澤とともに東京の府中刑務所へ出迎えに行ったのだが、正直、山本の体調はかなり悪く、

歩くことさえ難儀だった。

朝早くから、池澤と刑務所正門から少し離れたところで待っていると、やがて川口は姿を現した。二人に気づいて川口がニコッとし、山本と池澤もつい笑みが零《こぼ》れた。

山本にすれば、その川口の笑顔がすべてであった。他に何も要らなかった。

亡くなる一〇日前、山本は奈良・五條の自宅に、川口、池澤とともに六代目山口組若頭補佐の四代目山健組組長井上邦雄を招いて食事会を催した。ヤクザの足を洗ってからは、現役の者との交際を絶った山本であったが、この三人だけは生涯つきあえる男として、変わらぬ親交を結んでいたのだ。

〈もうこれが最後やろ……〉

との思いをこめて、山本は心を許した友との楽しいひとときを過ごしたのだった。

山本が亡くなる前夜、川口は病院で山本に付きっきりで過ごした。浮腫がひどくなった山本の脚をずっとマッサージし、手と足の指の爪をきれいに切ったりもした。

「会長、おおきに……ワシは果報者や」

どれほど苦しくても、山本は最後の最後までただの一度も弱音を吐いたことがなかった。

「ホンマにクマさんは男前でんな」

山本が永遠の眠りに就いたのは、翌朝八時四分のことだった。

強力な弁護団

池澤望は川口の面会に来るたび、不思議な心地がした。

元若者の虚偽供述によって冤罪を着せられ、裁判闘争を行なっている身の川口に対し、少しでも励まそうと思って来ているはずなのに、終いにはどっちが励まされているかわからなくなったからだった。

並みの者なら気も狂わんばかりの理不尽な目に遭わされているのに、川口の姿勢は淡々として少しも変わっていなかった。決して屈せず、腐らず、激せず、いつもと同じ様子で池澤を迎えてくれるのだ。その眼も死んでいないばかりか、生き生きと輝き、強い炯《ひか》りがあった。

川口はシャバのこともよく知っていて、獄中から冷静にその動きを見ており、池澤に対し、「大丈夫ですか」「大変でしょう」と気遣ってくれるのだから、まるで逆さまだった。

その堂々とした所作を見て、

〈なるほど、男いうもんはこういう窮地に立たされたときに、ホンマの値打ちがわかるもんやな〉

と感じ入ってしまったほどだ。

池澤はキャッツアイ事件なるもののくわしい内容こそ知らなかったが、川口という人物をよく知っているだけに、それが冤罪であることは聞いた当初からピンと来た。

抗争事件が起き、仮にそういう状況になったとしても、若者に「殺ってこい」などと命じるような男ではなく、それが必要なら、まず自らが真っ先に行くタイプが川口という男であった。まして何があってもカタギの女の子を事件に巻きこむような禁じ手は、金輪際、川口の流儀にはなかった。

事件は何から何まで川口という男の匂いがかけらもしなかった。「これは違う」とは言うも愚かなほど、川口が関与していないのは明らかだった。

「もしホンマに川口さんがやったことなら堂々と『私がやりました』言うに決まっとるやろ。いや、やっとらんでも若者の罪を被って黙って懲役つとめるような人が川口という男なんや。それを裁判闘争までやるいうんは、よほど腹に据えかねるでっちあげがあったいうことや」

その川口の裁判闘争を支援するために、いったい自分に何ができるか、何をさせてもろたらええのか――と、池澤は自分なりに真剣に考え、悩んだ。

そこでまず、川口も強く要望する東京の某弁護士にキャッツアイ事件の弁護を引き受けてもらうため、池澤は奔走した。幸い、この弁護士は池澤、川口共通の知人でもあった。

いろんな問題をクリアしたうえで、池澤は上京し、当人に会って依頼すると、

「そりゃ川口君のためならぜひやってあげたいが、この通り老齢の身で、膝に水が溜って動けんのだ」

とのことで、諦めざるを得なかった。

池澤が次に当たったのは、同じ高知出身の作家で、親交のある正延哲士だった。

正延は〝最後の博徒〟と謳われた波谷組組長波谷守之のドキュメントを上梓し、冤罪問題にも精通する作家として知られていた。

池澤にとって叔父貴分に当たる波谷守之は、昭和五二年四月に起きた〝北陸の帝王〟射殺事件で殺人教唆などの容疑で逮捕され、一、二審で懲役二〇年の判決を受けた。同事件で逮捕された実行犯の一人の供述によるもので、波谷にすれば、身に覚えのない冤罪であった。つまりは川口の事件と同じケースなのだった。

一貫して無実を訴える波谷に、戦後の著名な冤罪、再審事件を手がけた複数の弁護士らが結集、ヤクザの事件としては異例の弁護活動を行なった。その結果、昭和五九年四月、最高裁で「原審破棄、差し戻し」の逆転判決を勝ちとったのだった。

この裁判を取材した正延が書いたドキュメント作品こそ、『最後の博徒』であった。

「正延先生、私の友だちが冤罪で苦しんでますねん。波谷のおっさんと一緒ですわ。頼みにしとった私の知りあいの弁護士さん、足が悪くてでけんことになって、ワシ、格好つかんのです。先生、ひと

つ力を貸してもらえませんか」

池澤は東京で正延に会うと、川口のことを率直に話し、弁護士を紹介してくれるよう頼んだ。

すると、硬骨の作家は、

「池澤君、その川口さんという人間は、ホントに信用できる男かい？」

と訊いてきた。

「いや、先生、本人に一度会ってください。一発でわかりますから」

池澤の言葉を受けて、正延はさっそく神戸拘置所へ川口の面会に赴いた。

面会から帰ってくるなり、正延は池澤に、

「うん、君の言う通りだ。あの人は眼が生きてる。嘘はないね、あの眼は」

と報告し、

「広島の原田香留夫弁護士に頼みに行こう」

とまで請けあってくれるのだった。

原田香留夫は、波谷事件を手がけたばかりか、八海《やかい》事件、徳島事件など多くの著名な誤判事件で無罪を勝ちとった高名な弁護士だった。

正延が根まわしをして広島の原田弁護士宅へ訪問することになったのは、正延、池澤の他、二代目清勇会舎弟頭の赤松國廣と同会長代行の呉本幸三の計四人であった。

一行を自宅に迎えて、頑固で少し偏屈なところのある老法律家は、正延からある程度の話を聞き内諾していたにも拘らず、ニコリともせず池澤たちに、

「君たち、何の用かね」

と第一声を放った。

「川口という者の冤罪のことで先生にお願いにあがりました」

と、池澤が神妙に口を開いた。

「冤罪や言うて、あんた、川口という人が冤罪で何でわかるんや」

「はい。長いことつきおうてみて、その人間性を熟知しております。そんなような男と違います」

「そんなことが君にわかるわけないじゃないか」

とりつく島もなく、これには池澤も困ってしまった。

そのとき、横から、

「先生、川口の冤罪を私が説明しますから。時間をどれぐらい取っていただけますか。川口の冤罪の経緯を説明するには一時間や二時間では足りません。先生、一週間、時間いただけますか。それやったらちゃんと説明します」

と申し出たのが、赤松だった。

ああ、赤松さん、ええこと言うな——と、池澤が聞いていると、原田もようやく、

「わかった」

と理解を示し、その場の固い空気がほぐれた。

それからはスムーズに事が運び、弁護を快諾した原田は川口の弁護団に加わって、最後まで全力を尽くして弁護活動に携わったのだった。

八海事件との類似

川口のキャッツアイ事件は、原田弁護士が取り組んだ八海《やかい》事件と共通する冤罪の構図があった。

八海事件の冤罪被害者である阿藤周平が、昭和二六年一月二四日に山口県熊毛《くまげ》郡麻郷《おごう》村（現・田布

施町）字八海で起きた夫婦強盗殺人事件の主犯にされたのは、実行犯の虚偽供述によるものだった。〝共犯者〟の嘘の供述によって濡れ衣を着せられたことが、川口と共通していた。

川口弁護団の一人となった下村幸雄弁護士（元東京高裁裁判官）の分析によれば（著書『共犯者の自白』）、キャッツアイ事件のケースは、「犯人が自己の刑事責任を軽くする等のために無実の被告人を引っ張り込む」巻き込み型に類型されるという。その点も、八海事件と共通していた。

川口の弁護団に参加した原田にしても、当該事件は八海事件とよく似たケースとの認識があったものだから、

「どんな形であっても、虚偽証言した奥乃勘一を証人として呼ばなければならない」

として、真実の証言をさせるべく精力的に奥乃にアタックし、説得し続けた。

だが、そのやりかたは、

「裁判官の印象を悪くするから、やるべきではない」

とする一審の弁護団と衝突する結果となり、二審弁護団は二つに分かれる格好になった。

「それをやるんだったら僕らは手を引く」

という一方の弁護団に対し、原田は一歩も引かず、

「一審の弁護活動は完全にやりかたを間違えとる。無罪を取るのが自分たちの仕事なんだから、奥乃に真実を証言させることはぜひとも必要だ」

と、渡部保夫弁護士とともに、何度も旭川刑務所に服役中の奥乃のもとへ面会に通ったのだった。

それが最終的には、奥乃の良心に訴え、川口の上告中における最高裁への彼の手紙となって実を結んだ。奥乃の突然の手紙は、川口から犯行を指示されたというのは作り話であることを打ち明ける内容であった。

《私の恨みを晴らすために無実、無関係の人まで巻き込んで長い間、迷惑をかけましたことは本当に悪く思っております》

平成一三年一二月、最高裁第二小法廷において上告審判決が下される日、原田弁護士は車椅子で出廷した。原田の体調は悪く、老齢の身はだいぶ弱っていた。

だが、最高裁は奥乃の手紙を一顧だにせず、川口の上告を棄却した。

川口は再審請求を行ない、裁判所は平成一六年九月、奥乃に対して証人尋問も行なった。奥乃はほぼ手紙の主旨と同様の証言をしたが、再審の扉は現在に至るも閉ざされたままである。

八海事件で三度の死刑判決を受けた阿藤を死刑台から生還させた原田香留夫が、川口の出所を待つことなく、永遠の眠りに就いたのはそれから間もなくのことだった。

その死後、原田未亡人から獄中の川口に手紙が届いた。そこには、

《うちの主人は最後の最後まで、夜、川口さんの写真を抱いて、これをきれいにせんことには僕は死にきれんのや――と言ってました》

といった内容が書かれていた。

川口は独居で一人、嗚咽を漏らさずにはいられなかった。

獄にあって、冤罪の不条理と闘い続ける川口にとって心強かったのは、八海事件の冤罪被害者である阿藤周平が支援してくれたことだった。

八海事件の弁護人である原田香留夫が川口弁護団に参加したことが、二人を結びつけるきっかけとなった。

昭和二六年一月、山口県の八海という小村で起きた八海事件は、強盗目的で近所の老夫婦の家に侵入した二二歳の若者が、斧で夫の顔、頭、全身をめった斬りにして殺し、さらに妻を窒息死させて首

吊りの偽装工作をし、一万数千円を盗んだという事件だった。

この実行犯の若者は三日後に捕まり、その衣服から被害者の血痕が検出され、自供により凶器の斧も発見されたことで、一件落着のはずであった。

だが、捜査陣は複数による犯行と見て、執拗に実行犯を追及した。その結果、彼は、このままいけば死刑は免れないが、別に首謀者がいて、脅されて手伝ったことにすれば、罪は軽くなるだろう――と判断、遊び仲間の阿藤ら四人の名を出したのだった。

四人は逮捕され、密室で手荒い拷問を受け、実行犯の供述に合うような自供をさせられた。もとより証拠は何もなかった。

主犯とされた阿藤は公判で無実を主張したものの一審二審ともに死刑判決を言い渡されたが、上告審で高裁へ差戻しとなり、差戻控訴審で無罪となった。

しかし、検察側が上告し、第二次上告審で再び高裁へ差戻され、第二次差戻審で三度び死刑判決が出た。

良心の呵責に耐えきれなくなった実行犯は、広島刑務所から最高裁に「私の単独犯行です」という上申書を一七通出していたが、刑務所が握り潰していた。

阿藤ら四人に無罪判決が出たのは、三度目の最高裁においてのことで、昭和四三年一〇月二五日、逮捕されてから実に一七年九カ月の歳月が流れていた。二四歳だった阿藤は四二歳になっていた。

この事件を冤罪として強く訴えた弁護士の正木ひろしの著書『裁判官　人の命は権力で奪えるものか』を原作として製作された映画『真昼の暗黒』（昭和三一年、今井正監督、橋本忍脚本）は最高裁で審理中の折に公開され、世間に衝撃を与えた。

阿藤役を演じた草薙幸二郎が、ラストで獄の鉄格子に摑まり、

「まだ最高裁がある！」

と絶叫するシーンは、観客の胸を打った。

この映画さながらに、川口の面会に訪れるたび、阿藤は、

「川口さん、まだ最高裁があるんや。闘い続けなあかん」

と励まし続けた。

阿藤にすれば、実行犯の虚偽供述によって主謀者にされてしまうという自分と共通する川口の事件を、他人ごととして看過することはできなかったのだ。

阿藤は大阪で開催される川口の弁護団会議にも毎回参加したばかりか、最高裁に上申書を提出して川口の無実を訴えた。

《殺人・同未遂事件で被告人とされている川口氏には自白、物的な証拠もなく、ただ存在するのは共犯者の供述のみです》

阿藤は川口の出所を前にして肝臓癌に冒され、闘病生活を送るようになるのだが、つねづね、

「川口さんが出てくるまでは元気でおらんといかんな」

と妻に語っていた。

その思いは果たされ、平成二二年一二月一七日に出所した川口とのシャバでの初対面が叶った阿藤は、なおも川口を励ました。

「私が生きとるうちに川口さんと会えたのはうれしいけど、まだまだ闘いはこれからですよ、川口さん」

再審を請求して、出所直前に大阪高裁から即時抗告を棄却された川口は、さらに最高裁に特別抗告を行なっている最中だった。

「おおきに。私もここまで来たら、曲がった松やと思っとります」

「曲がった松？」

「柱（走ら）にゃならん、とことんやらないかんと思っとります」

「ああ、なるほど。面白いな、川口さんは。その意気や良し――ですわ」

「阿藤さんもどうかお躰だけは大事にしとくんなはれ」

「なあに、ワシなんぞ死刑台から生還した身です。何も怖いもんなぞおまへんのやけど、川口さんが無実を勝ちとるまで死ねまへん」

川口は、子どもがそのまま大人になったような阿藤の純粋な人間性をこよなく敬愛していた。

その阿藤が八四歳の波瀾の生涯を閉じたのは、川口の出所から四カ月後、平成二三年四月二八日のことだった。

知らせを聞いてすぐに駆けつけた川口は、眠るがごときの阿藤の死に顔を見つめながら、

〈おおきに。阿藤さん、あなたはワシの恩人や……よう闘わはったなあ〉

いつまでもその頬を慈しむように撫でた。

共謀共同正犯の濫用

阿藤の自宅近くの斎場で、その様子を感無量の思いで見遣っていたのが、川口の雪冤支援者である田口佐智子であった。

社会福祉士の田口が、川口の冤罪事件を知って、その支援活動に携わるようになったのは、川口が『実話時代』という月刊誌に連載していたエッセイ「我、木石にあらず」を読んだのがきっかけだった。

いや、それ以前に、元山口組顧問弁護士の山之内幸夫が某誌に「警察のヤクザ捜査はこれでいいのか」というテーマで書いた論文を読み、そこで山之内が訴えた共謀共同正犯の濫用ということがずっと頭にひっかかっていた。それこそ刑法の根幹を揺るがす大問題なのではないか——との思いが残って、田口は強い危機感を抱くようになったのだ。

そうしたときに、川口の事件を知り、まさしく共同共謀正犯の濫用が顕在化した事件としか考えられなかった。しかも、川口のエッセイ「我、木石にあらず」からは、そんな逆境にありながら、不屈の闘争心や向上心を失わず、巧まざるユーモアセンスとともに弱者への暖かい眼差しを持った筆者の人柄が伝わってきて、強く魅きつけられるものがあった。

こうしてカトリックのクリスチャンでもあった田口は、自然な流れのうちに、川口の冤罪支援に関わるようになったのだった。

田口が大阪拘置所の川口に宛て、

「勝手に支援させてもらいます」

との手紙を出したのは、平成一一年四月——ちょうど前年六月に二審判決で控訴棄却となり、上告中の最中のことであった。

ところが、何度か面会と手紙の遣りとりをしているうちに、川口の体調が悪化し、死線を彷徨うほどの大病を患うのだ。帯状疱疹のウイルスが内耳から脳天まで上がって、知覚神経が侵されてしまうラムゼイ・ハント症候群という病で、川口は一命を取り留めたものの、視力が落ち、眩暈や耳鳴りがひどく、平衡感覚も悪くなった。

そのため、川口が書きかけていた上告趣意補充書を完成させるのも難しい状態となった。

そこでその書面作成を手伝うことになったのが、田口であった。

それは大変な作業だった。段ボール箱に何杯もある公判資料の読み込みから始まって、川口に面会して聞き書きし、または文通を通して足りない部分を補填し、上告趣意補充書をまとめていくという川口との共同作業は並大抵のものではなかった。

その作成に当たって、ノウハウを伝授し、関係調書のタイピングを手伝ってくれたり、何かと協力を惜しまなかったのが、阿藤であり、彼が支援するグループであった。

阿藤がアドバイスしてくれたのは、

「上告に当たっては、無学なオレかて上告趣意書やその補充書を書いて書いて書きまくったんや。とにかく上告審は書面を書かなければ話にならない。書面を書き続けることが上告審を闘うことなんや」

ということだった。

熱っぽく語る阿藤の助言を支えに、川口は田口の微に入り細にわたる協力を得て、上告趣意書並びに同補充書の作成に取り組み、なんとか書面をまとめあげることができたのだった。

川口が毛筆で書いたそれは、

《裁判所の正義を信じ控訴審に傾注してまいりましたが、一度ならず二度も殺人等について有罪判決を言い渡されて、筆舌に尽くせない無念をかみしめ、もはや裁判所を信じる気力もなく日々をおくっておりましたが、過去冤罪に泣いたある死刑被告が「まだ最高裁がある」とまなじりを決して、無実を証明されましたことを想起し、私は最高裁の炯眼を信頼し、自ら無実を証明するために弁護人のすすめもあり、力を奮い起こして今回このように自分の手で上告趣意書を書くことにしました》

との書き出しで始まり、膨大な分量となったが、そこには一片の偽りも虚飾もなく、ただ真実を求める一人の人間の赤裸々な肉声があった。

阿藤の死後、彼が最高裁へ提出した川口の事件の上申書の下書き原稿が出てきた。

阿藤が最高裁へ提出した上申書は、四〇〇字詰め原稿用紙五枚程度の書面であったが、その下書き原稿はおよそどれくらい手が入ったかわからぬほど真っ黒になったものが何十枚とあったのだ。推敲に推敲を重ね、渾身の思いで書きあげたものであるのは明らかだった。

阿藤は川口の事件に対して、徹底的に資料を読みこんでいた。そこから、いわゆる〝共犯者〟の巻き込み型の虚偽自白がどういうものであるか、自分の体験に照らして川口の無実を立証するような上申書を書いたのだ。

その真っ黒に書きこまれた下書き原稿を見て、川口はしばし声もなかった。

獄中での執筆活動

川口の獄中随想である「我、木石にあらず」の連載が、月刊誌の『実話時代』で始まったのは平成八年二月号からで、一審判決を目前にしてのことだった。

この連載は一部（平成八年二月号～平成九年四月号）二部（平成九年五月号～平成一〇年四月号）と連続二六回、二年二カ月に亘って続いて人気を博し、カタギの熱烈な川口ファンや雪冤支援者も増えていく。

川口がこの連載エッセーを書くきっかけとなったのは、同誌に発表された二代目俠道会幹部・森田健介との往復書簡であった。

その文章に目を止めた同誌編集者から、

「ぜひ獄中のことでも外のことでも何でも構いませんから、会長の心象風景を書いてくれませんか」

と依頼されたのだった。これには川口も当初、

「いや、とんでもない。ワシ、恥とせんずりは掻《か》いてきたけど、そんな文章みたいなもん、書いたこ

とおまへん。中学も出てへんのに」

と断ったのだが、編集者の熱心な勧めに、川口も折れ、随想執筆という初めてのことに挑戦する気になったのだった。

が、「書ける人」と見抜いた編集者の慧眼《けいがん》はさすがというべきで、その感性の鋭さ、抜群のユーモアセンス、博覧強記ぶり、生きざまと信念に裏づけられた明晰な極道哲学といい、その連載はたちまち評判を呼んだ。

この「我、木石にあらず」を通して初めて川口の事件を知り、冤罪事件として裁判に注目するジャーナリストや一般市民も数多く出てきて、法律関係の書籍が無罪説を取りあげたり、インターネット上で支援サイトができるほど、徐々に支援の輪も広がっていく。

川口の強力な雪冤支援者となった田口佐智子が、川口の「我、木石にあらず」に敏感に反応したのも、そのなかで川口が、

「他を恨むことは人生に於いて何の解決も与えてくれない」

「人を裁かないようにしなさい。人を赦しなさい。人に与えなさい。あなたの量る秤で神はあなたたちをお量りになる」

と『新約聖書』の「ルカ伝」六章の三七、三八節を引用したうえで、川口の記した、

《人間、憎むことだけでは生きて行けません。愛情だけで生きて行けないのと同じです。勿論、掛け替えのないものを奪われたら、奪った人物を深く憎むことでしょう。しかし、憎むことは苦しみ続けることでもあり、心が腐るばかりです》

との文章が、カトリックの田口の心を強く捕らえたのだ。

大阪・堺の大場知子も、そのエッセーを読んで川口ファンになった一人だった。何より魅かれたの

は、川口の文章から同じ泉州人――大阪・堺から和歌山県へ向かう泉南地区の人間としての匂い、泉州気質というものが色濃く感じられ、感覚がピッタリ合ったのだ。

ファンレターを出そうとして躊躇《とまど》いがあったのは、冤罪事件を闘っている川口に対して、死刑囚の支援活動をしている自分が手紙を出すのは、川口のマイナスになるのではないか――と考えたからだった。大場は平成五年からボランティアで『コスモス通信』という名古屋の死刑囚の支援パンフレットを作っていたのだ。

そんな大場に、

「心配いらない。川口会長は『コスモス通信』もあなたのことも知っていたよ。だから、手紙を出しても大丈夫」

と教えてくれた川口を知る知人がいて、それならとファンレターを出したのが始まりだった。

大場が思った通り、川口は泉州気質の持ち主そのもので、面会も二度目以降となると、同郷女性の大場に対してズケズケと物を言い、憎まれ口を叩いた。

「今日はおまえ、何ていう顔してんねん」

とか、

「おまえ、その腹、なんとかなれへんのか」

と、女性が傷つくようなことを平気で口にし、それは親しみをこめた泉州流儀ともいうべきものなのだが、それを知らない女性にすれば、セクハラ以外の何ものでもなかったろう。

だが、悪口が親しみを表わしているという泉州人の心の内、そうした人情の機微を知り尽している大場にすれば、むしろ懐しさがこみあげてきた。人一倍真面目で引っこみ思案のため、最初の面会ではろくに口も利けなかった大場であったが、次第に川口の毒舌にも慣れ、心地良ささえ覚えていく。

そうした川口と大場との微笑ましい交流のなかから、獄にある者を読者対象にした、かの伝説的な小冊子が誕生することになる。

発端は大場の提案であった。自分が作っている死刑囚の支援パンフレット『コスモス通信』をイメージして、その川口雪冤支援版を作ろうと考えたのだ。

すると、川口は、

「ワシ個人のパンフレットより、受刑者がみんなで読んで楽しめる冊子を作ったらええんちゃう？人との出会いにはええ出会いもあればそうでないのもあるけども、みんなが切磋琢磨できる出会いの場を作ってやれたら最高やないか」

との思いもよらぬアイデアを出してきた。

大場はすぐに賛同し、その冊子の誌名を『獄道通信』と提案したところ、川口からは、

「獄を同じくする者――獄舎の仲間という意味からも『獄同塾通信』ではどないや」

とのタイトル案が出てきた。川口のセンスに軍配があがり、それで決まりとなった。

かくて川口を塾長、大場知子を編集長とする『獄同塾通信』は平成一二年五月に創刊された。コンセプトは「獄同者が笑って読める投稿パンフ通信」（略称・獄パ）で、冊子の体裁はコピー綴じ、年四回発行（部数一〇〇部）の季刊誌。制作費用は有志のカンパで捻出されることになった。

川口はその創刊の主旨を、第二号から始まった自身の連載エッセー「我雑草のごとく」で、

《今回、獄同塾パンフ発行に至ったのは、（略）我々獄同という環境下での手紙というものは、社会の人達の想像以上に有難いもので、書詩家相田みつをは、人との出逢いは、その人の人生を根底から変える時がある。という様な作品を遺しており、一人でも多くの獄同が笑って読め、花岡と川口の様な出逢いが得られればと思い、発行に至ったのです》

と述べている。「花岡」とは稲川会系花岡組組長花岡康雄のことで、一審で無期懲役を求刑され、懲役一七年の判決を受けたが、六年にわたる法廷闘争を経て、控訴審で懲役一五年の減刑を勝ちとった強者《つわもの》で、当時は岐阜拘置所に収監中の身であった。川口とは獄同者同士、まさに手紙を通して良き出会いが生まれ、心の通じる友となったのだった。

『獄同塾通信』は創刊されるや、評判が評判を呼んで投稿者も増え、三号四号と号を重ねるうちに頁数も二〇頁強から五〇〜六〇頁に膨らんで、大勢の読者も付いた。創刊から六年経った平成一八年一一月号（第二七号）には、一〇〇部からスタートした発行部数が、なんと二五〇〇部にまで達していた。

投稿者は一般人からヤクザ、右翼、左翼の闘士等々と多士済々、獄同人ばかりか獄外にも及んで、身辺雑記やら心境報告、抱腹絶倒のユーモアたっぷりのものからホロリとくる人情話、人生観や武勇伝の披瀝まで、中身の濃い原稿で埋まり、活気ある紙面となった。

執筆陣もユニークで、常連メンバーには大物親分、三浦和義、金嬉老といった有名人、あるいは山本集画伯の表紙絵を始め、正延哲士、宮崎学、小嵐九八郎、家田荘子など著名作家の名も見られるという賑やかさであった。

なかでも極め付きの異色の常連投稿者は、日本を遠く離れたアメリカのコロラド・プリズンで服役する日本人ヤクザ――東京・新宿を本拠とする極東会系幹部の吉村光男であった。

海外からの投稿

吉村のコロラド・プリズンからのレポートが初めて『獄同塾通信』に掲載されたのは第三号で、そこで吉村は同郷の贔屓の幕末の志士・高杉晋作に触れ、獄同塾生たちに熱いメッセージを送っている。

死期が迫った晋作は、最期の病床で、

「おもしろきこともなき世をおもしろく」

と辞世の歌を詠んだが、息が切れ下の句が続かなかった。そのとき、側にいて、晋作の寿命が尽きようとしているのを見て、

「棲みなすものは心なりけり」

と付けたのが、友人の野村望東尼という福岡の女流勤王歌人であった。

晋作はそれを聞き、「おもしろいのう」とひと言つぶやいて息を引きとったといわれる。

吉村はこの逸話が格別好きで、苦境に陥ると、「おもしろいのう」を思い出し、発奮するのがつねだったという。

吉村はレポートをこう続けている。

《その晋作の心意気、立場を我々に結びつけるのは飛躍し過ぎかも知れませんが、おもしろくもない世に棲んでおります私共と致しますれば、この句も味わい深く晋作の辞世に重ね得るものがあるのではと考えます。「おもしろきこともなき世をおもしろく」が正に今の我々の心境であるとすれば「棲みなすものは心なりけり」を与えて下さっている大場（知子）さんは野村望東尼の心意気であられるのではと受け取っております。

その優しさの中にある精神道をお互いに大切にされ、この艱難を「おもしろいのう」でのり越えましょう》

吉村がハワイの高級ホテルでＦＢＩ捜査官によって麻薬密輸の現行犯で逮捕されたのは、平成五年四月一日のことである。ＦＢＩが一年前から筋書を作って進めてきた囮《おとり》捜査によるもので、吉村は見事に罠《わな》に嵌《は》められたのだった。

終身刑も予測されるなか、吉村は司法取引きに応じて有期刑が確定する。カリフォルニアの連邦最重刑務所であるロンポックUSPに四年八カ月服役した後に、平成一〇年一二月、コロラド・プリズンに移送となった。

吉村が冤罪と闘う川口のことを日本の雑誌で初めて知ったのも、このころであった。

吉村は、もう一〇年以上も神戸・大阪と未決の獄中にあって、一歩も引かずに権力と闘い続けている男の存在を知って、大層興味を覚えた。

吉村の事件もまた、FBIとその内通者である日本人のカタギともヤクザともつかぬ半グレ、とによって陥れられたものであっただけに、他人事とは思えなかったのだ。

〈いや、FBIの囮捜査に嵌められたオレの場合は、マヌケだったってことにもなるだろうが、この川口氏の場合、実行犯を籠絡した官憲によってまるっきりでっちあげられたものじゃないか。ひどいもんだ。それでも些かも屈することなく、闘っているんだから凄い人だ。頑張ってもらいたいな〉

と、遠い異国の地から応援せずにはいられなかった。

吉村はコロラド・プリズンから大阪拘置所の川口に宛てて励ましの手紙を書いた。

しばらく経って、川口からも返事が来た。それは何枚もの便箋に長い文章が認められた、墨痕鮮やかな手紙であった。

吉村は身震いするような感動でそれを読んだ。

〈日本のヤクザにもこんな男がいたのか！　これぞ本物の侠じゃないか。オレより年少なのに、信念といい、器量といい、オレなんかより数段上だな、この男は。日本でずっと苛酷な闘いをしてるのに、むしろ励まされてるのはこっちなんだから世話ないな〉

と苦笑しつつも興奮冷めやらなかった。本物の男に出会ったという胸の震え。

吉村はロッキー山脈の中腹に位置するコロラド・プリズンから、遥か遠く大阪の獄にある男に、熱い感慨をもって思いを馳せた。

二人の文通が始まり、川口が手紙に書いてきたのは、

「どちらが早く出られるかわかりませんが、仮に私が冤罪が晴れて先に出られるようなことがあれば、吉村さんを出迎えたいし、その反対であっても、ともかくどういう形でもいいから、会えればいいですね」

ということだった。が、それが叶うまでには、それからおよそ一二年待たねばならなかった。

吉村が一一年ぶりに日本の土を踏んだのは平成一五年一月二二日。川口が出所するのはさらにそれから七年後、平成二二年一二月一七日のことで、二人は当日、文京区水道橋の東京ドームホテルで初めての対面をしたのだった。

万感交々到って、二人は両手でガッチリ握手を交わしたのだが、互いに初めて会うような気がまるでしなかった。

吉村が驚いたのは、握手したときの川口の握力の強さで、手が痛くなるほど力強かった。拳立て伏せを一〇〇〇回できるまでに、川口が獄中で鍛えに鍛えた成果であった。

ともあれ、感無量の二人に、言葉は何もいらなかった。互いに元気な顔を見ることができたということが二人にとってすべてで、それだけでよかったのだ。

有罪確定

吉村だけでなく、『獄同塾通信』を通して出会いの場も増え心の通じあう友もできて、獄にありながら川口の人脈は格段に拡がっていく。

もとより、古くからの友が何十年と変わらぬ心で支援を続けてくれるのが、川口にとって何よりの財産であった。

香川県善通寺市で更生事業の土建業を営む西山俊一郎も、そんな一人だった。

西山は川口がキャッツアイ事件で逮捕されて以来、毎月の面会を欠かさず続け、本件の公判のたびに四国から駆けつけて傍聴していた。

西山は『獄同塾通信』の第五号（平成二二年三月発行）の「仁義あるひとこと」のコーナーに投稿し、自己紹介とともに、川口とは二〇年来の家族同様のつきあいであることを述べたうえで、

《二代目が逮捕され今日まで冤罪をきせられていることを、私は獄同塾通信を通じ、又あらゆる機関を通じ、罪無き人間を罪に落とす警察機構に憎しみさえ覚えます。これからは一人でも多くの人達にキャッツアイ事件の真相は二代目川口自身の示唆でも教唆でも無いことを真実であるということを理解してもらいたいと思う。日本の裁判は疑わしきは罰せずの法を守って頂きたい。本当に二代目川口和秀は無実であります》

と友の潔白を強く訴えた。

西山は元極道だった男で、あの〝ボンノ〟の愛称で一時代を築き、三代目山口組の若頭補佐までつとめた菅谷政雄率いる菅谷組一門であった。一六歳で菅谷の舎弟である初田組組長初田節三の若い衆となり、二二歳で菅谷組四国支部長に抜擢されたのだから、スピード出世であった。

幾度の抗争事件や修羅場を経て、最後の抗争事件では六人のヒットマンに襲撃されて二発の銃弾を浴び、瀕死の重体に陥ったが、すんでのところで九死に一生を得た。

菅谷組の解散に伴い、西山も極道の足を洗い、昭和五五年、地元の香川県善通寺市で土木会社を興した。事業を成功させる傍ら、ＮＰＯ法人「日本青少年更生社」を設立。非行少年や不良たち、また

刑務所に服役した前科者の若者らに自らの会社で手に職を付けさせ、一本立ちできるように更生を促す事業に取り組んだのだ。それにより法務大臣や保護観察所長から感謝状を贈られるなど、社会的にも高く評価されていた。

これには川口も、

「せやけど、偉いもんやなあ、西山さんは。ホンマに立派なことをやってはる。ヤクザでも一級の者はカタギになっても一級やいうことを見事に証明しとるわ。ワシも友人として鼻が高いですわ。西山さんのような人材を、ワシらの世界からカタギさんに奪《と》られてしもたのは惜しいこっちゃけど……」

とつねづね感心していた。

川口と西山とは不思議な縁で結ばれていた。

川口が東組に入門して二年ほど経った一七歳のとき、初陣といってもいい最初の抗争となったのが〝新世界事件〟だが、その相手こそ西山の所属する菅谷組系初田組であった。

西山が事件勃発を聞いたのは、たまたま善通寺に帰っていたときで、すぐさま大阪に駆けつけようとしたところ、香川県警に取り囲まれるハメになった。西山は逮捕され、結局、参戦できずに終わったのだ。

また、四国少年院時代、西山が最も意気投合した相手が、後に川口の兄弟分となる滝下健夫であった。

西山にすれば、すれ違いの状態が続いた川口との関係だが、初めて縁ができるのは、西山がまもなくヤクザの足を洗おうかという時期だった。

川口と西山の舎弟との間に養子縁組の話が持ちあがり、その挨拶のために川口が善通寺に西山を訪ねてきたのだ。

が、そのときは西山の事情で会えず、今度は西山のほうから京都へ川口を訪ねた。折しも、川口は京都の仏具屋の七億の債権の倒産整理をしている最中であった。

《出会った瞬間……私自身も何十年と渡世の道を歩き、あらゆる渡世人と接してきました。私も常に誰にも勝るとも劣らずという信念を持ち、任侠道を貫いてきました。しかし、二代目に会った瞬間、この若き頭領は、私の器量の物差しでは計れない男だと……》

と、西山は川口との出会いを『獄同塾通信』で述べている。

この後、川口はキャッツアイ事件の実行犯で当時の二代目清勇会若者・奥乃勘一、指示したとされる同副会長・振柿明とを伴って、善通寺の西山のもとへ返礼の挨拶に来たという。その際、川口以下、二代目清勇会の主だった面々と金毘羅参りをしたことが、西山には後々まで懐しく思い出されてならなかった。

その奥乃も、川口の上告中、良心の苛責にさいなまれたのか、川口無実の上申書を便箋一一枚に綴って最高裁に提出していた。

《……いつまでも無実の人間をオリの中に閉じ込めることは出来ないことです……この手紙は私自身の長年ご迷惑をかけたお詫びと反省から書き、私の意志で何者にも左右されていません》

その事実を知り、西山はいよいよ川口の無実が白日のもとに明らかになる日も近いことを信じて疑わなかった。

ところが、平成一三年一二月、最高裁は奥乃の上申書を一切無視し、川口の上告を棄却したのだった。

その一報を耳にしたとき、西山は愕然とし、全身を悪寒が走り、深い虚脱感に支配された。

「なんちゅうこっちゃ。こら、社会が狂っちょるき……」

声をあげて慨嘆せずにはいられなかった。

その直後の一二月一八日、西山は妻とともに大阪拘置所へ川口との面会に赴いた。

アクリル板越しに川口の顔を見ても、何を言っていいのやら、西山は言葉がなかなか出てこなかった。

むしろ川口のほうが泰然として、いつもと変わらぬ態度で夫妻と接し、二人を気遣ってくれるのだから、西山には堪らなかった。やってもいないことで、あと九年もの刑期が待っているのに、なんと堂々とした所作なのであろうか。

西山は帰り際、アクリル板に両手を押しつけて頭を下げ、

「これから九年間の長旅を、どうか躰だけは気をつけてつとめてください」

と言うのがやっとだった。

川口は静かに頷くと、

「お上が決めたことを潔しとし、一去一来である。出所は必ず出迎えてくださいよ。そして讃岐うどんを腹一杯食べよう」

と応えた。

第七章　獄中での闘い

塾長・川口和秀

平成一三年一二月末、川口はキャッツアイ事件の上告が棄却され、一審二審判決の懲役一五年が確定、翌一四年三月六日、宮城刑務所に収容された。新人教育を終えて配役されたのは、第13工場であった。

川口より二年遅く宮城刑務所に入所し、同じ13工場の印刷関連のパソコン部門へと配役されたのが、後に〝獄パ〟こと『獄同塾通信』を復刊させることになる三田悟一であった。

三田が同工場へ配役されて初出役した日、その作業役席の斜め後ろに座ってパソコンを操作していた男が川口であった。それが二人の出会いとなった。

川口よりひとまわり年少で、カタギの三田には、当初川口が何者かわからなかった。川口に対する三田の最初の印象は、

〈ああ、随分男前の人だな。ヤクザ者だろうか。なるほど眼光も鋭いし、顔つきもきりっと締まってる。それにしても実にいい顔してるなあ。これぞ本物って男の顔だな〉

というもので、作家志望で人相学も勉強していた三田を強く魅きつけるものがあった。

13工場はおよそ三五人、長期刑の者ばかりで無期懲役も少なくなく、懲役八年という三田の刑期は最も短かった。

そんな13工場を始めとする受刑者たちとともに生活していくなかで、いかに川口が彼らから一目置かれ、

「あの人は凄い人なんだ」

と畏敬の念を持たれているかが、三田にもわかってくる。

川口が大阪の一本どっこの東組という組織に属し、二代目清勇会会長の座にあり、カタギの女の子を巻き添えにしたキャッツアイ事件という冤罪と闘っており、またその事件のあらましなど、徐々に三田の知るところとなる。

だが、三田は最初のころ、川口がその理不尽な冤罪を晴らすために闘っていると聞いても、どこかで疑問視する気持ちもあった。はたしてそれはどこまで本当のことなのか。いや、仮にそうだとして、いくら元組員のやったことで自分が与《あずか》り知らぬことといっても、ヤクザ組織の長である以上、それは通らないことなのではないか、と。

が、川口の事件をくわしく知り、川口と日々接することでその人となりをより深く知るにつけ、自分のそんな考えがどれほど浅薄な誤まったものであったかと気づかされる。

まるで関与していない事件が、警察や検察当局によって主謀者としてでっちあげられることの恐ろしさ。それは単に川口だけの問題ではなかった。

であればこそ、川口はそんな不条理を許さず、一五年近く獄にありながら裁判闘争を行ない、上告を棄却されてもなお諦めずに再審請求をして闘い続けているのだった。その信念、意志の強さは並み大抵のものではなく、三田にとって驚嘆すべきことだった。

しかも、愚痴は一切零《こぼ》さず、所作も落ち着いていて何より獄の皆から慕われ、頼りにされている男が川口であった。

川口は他の受刑者から困りごとや相談ごとをしょっちゅう持ちこまれた。そのつど、彼は相手がどんな人間であっても、頼ってくる者には手を差しのべていた。金がないといえば、シャバの身内に命じて金を差し入れさせ、処遇で困っているという者には、弁護士を手配してやり、費用も自分が持った。

そんな川口に、三田は次第に魅了され、傾倒していく己を発見していた。

三田は川口が他の者から「塾長」と呼ばれているのを聞いて、彼が獄中者の投稿冊子である『獄同塾通信』の塾長であることも初めて知った。

それは「獄同者が笑って読める投稿パンフ通信」と銘うたれ、〝獄パ〟と通称されるパンフレットで、全国の刑事施設の収容者が投稿していた。

塾長の川口も連載随筆を持ち、バックナンバーには林眞須美や金嬉老、三浦和義などの有名人や、宮崎学、正延哲士といった作家の名もあった。

もともと本を読んだり文章を書くのが好きな三田は、

〈ああ、これは面白いな。川口会長はこういうこともやってるのか〉

と大層興味を覚えた。

三田は川口に、

「実は自分は小説家志望なんです」

と打ちあけ、仕事の合い間を縫ってはよくパソコンを使って書いた小説を川口に読んでもらったりした。

13工場では、毎月発行される宮城刑務所の所内誌『青葉』も制作しており、三田はそこにも創作を発表していた。

川口はなかなかの辛口批評家で、三田の作品をめったに誉めることはなかった。逆に「てにをは」の間違いや誤字脱字、表現のおかしなところなど、細部にわたって指摘してくれるのだった。

三田は年一回催される全国刑務所誌『人』の文芸コンクールにも作品を応募して、選考委員の芥川賞作家三田誠広に推賞され、見事一位入選となったこともあった。

三田にこの文芸コンクールの応募を勧めたのも川口で、このときは、

「刑務所の直木賞といわれる賞を取ったんやから、たいしたもんや。見沢知廉や美達大和《みたつやまと》のような獄中作家の誕生や」

と珍しく誉めてくれたものだ。

こうして同じ13工場の前と後ろの役席で作業し、話をする機会も多く、親しくなるうちに、川口もまた、三田という人間を、

〈こいつはできるやっちゃ。伸びる男やろ〉

と見込んだ。何カ月か経ったとき、川口は三田に、

「どうや、シャバに出たら、ワシのとこへ来んか」

と声をかけたのだ。

それは予期せぬことだっただけに、三田も驚いたが、

「いえ、自分は十代のころ、一時期、地元のヤクザに籍を置いたことはあったんですが、つくづく私に向いてないことがわかりました。ヤクザやるつもりはありません。それに地元に帰らなきゃならない事情もありますし……」

ときっぱりと応えた。三田の地元というのは、大阪とは反対方向の東北地区であった。

「ほうか。いや、ワシもヤクザになれ言うんやなくて、仕事のほうを手伝うて欲しいんや。せやけど、

ワシは十何年獄におって、そこで知りおうた人間に、『ワシのとこに来んか』とか『若い衆にならんか』と声をかけたんは、あんたが初めてや」

川口の言葉は三田を感動させずにはおかなかった。これほどの人物に、そこまで言ってもらえて光栄に思わない男はいるだろうか——と、三田は心震える思いだった。

「少し考えさせてください」

三田はそれまでも川口から折に触れて、

「デフレーションとは何ぞや?」

といった政治や経済に関する設問をボソッと投げかけられることがあった。

三田にすれば、それなりにピント外れな答えは言わなかったつもりだが、そうやって川口から試されていたことがいまにして思い当たるのだった。

川口の目に叶ったのかどうか、三田には心もとなかったが、

「オレのとこに来んか」

と声をかけてくれたのだから、まずは合格であったのだろう。

三田のなかではっきりと心が決まったのは、それから間もなくのことで、川口への傾倒はもはや抑えがたいものとなっていた。三田は、

「自分もいろいろ不動産関係をやってきましたし、会長のもとで仕事のお手伝いもできると思います。どうか、大阪でもどこでも使ってください」

と川口に申し出ていた。

それと作家志望の三田が、どうしても手伝いたかったのは、『獄同塾通信』の発行・編集の仕事だった。冊子の性格上、黒字にするのは無理としても、広告も取ってもっとバージョンアップさせて内

容を充実したものにしたいと考えていたのだ。

「会長が塾長をつとめるあの投稿誌を楽しみにしてる獄中者はいっぱいいます。そんな人たちの要望に応えて雑誌を作り続ければ、受刑者のお役にも立てるし、自分も小説を発表できますから、一石二鳥というものです」

と、三田は川口に訴えた。『獄同塾通信』は平成一八年三月の第二七号でいったん休刊となるのだが、三田はその言葉通り、自分と川口の出所後、平成二三年五月、『獄同塾友会』として六年ぶりに復刊させた。それは発行部数二五〇〇部の隔月刊として、すでに七号を数えて現在に至っている。

三田が川口と同じ13工場で一緒に作業した期間がおよそ二年間でしかなかったのは、三田が靴工場へ移動したからだった。それでもすぐ上と下の階の工場であったから、朝晩の工場の行き来のときは互いに顔を合わせることができたし、三田は工場から運動場にいる川口と目配せすることも可能であった。

それがまったくままならなくなったのは、平成一八年九月二一日、残刑四年の身で、川口が宮城刑務所から府中刑務所へ移送されてしまったことによる。

宮城刑務所での不祥事

宮城刑務所において世間をあっと驚かすような呆れ返った不祥事が明るみに出たのはその前年、平成一七年六月のことで、さらにその直後、看守の受刑者に対する暴行事件も発覚する。

川口の府中刑務所移送も、その騒動の渦に否応なく巻きこまれた結果であった。

川口の信念とする「してはならないことをしないのも大切だが、しなければならないことをしないのはもっと罪だ」という任俠精神にも通じる仏教の教え――「止持作犯」を実践したがゆえに起きたことだった。

では、そのとき宮城刑務所で何が起きたのか――。

平成一七年六月、仙台市若林区の宮城刑務所においてとんだ不祥事が発覚した。複数の刑務官が受刑者五人に酒や煙草、菓子類を差し入れ、携帯電話まで貸していたという事実である。

前年六月から一〇カ月間にわたって煙草約八八〇本、携帯電話の使用は約二〇回に及んだという。刑務官の一人は、便宜を図った見返りとして受刑者から一万七〇〇〇円相当の収入印紙を受け取っていたことも判明した。

法務省仙台矯正管区と宮城刑務所は七月末、差し入れをしていた刑務官を含む九人を免職などの懲戒処分、前所長を訓告処分にした。

不祥事のルートは二カ所あり、一つは厳正独居房の三八歳の受刑者Aと八王子医療刑務所から異動してきた独居担当のB刑務官のルートで、二人は出身中学の先輩後輩という関係にあった。

二人は同郷の気安さから話をするようになり、あるとき、食べ物の話になって、Aが、

「うまいコーヒーが飲みたいな」

と漏らしたことがあった。

すると、何日か後の消灯後、B刑務官は鉄格子の間からAに缶コーヒーを入れてくれたという。それが始まりだった。その後もBはAに酒や煙草を差し入れてくれたり、クリスマスのときには、二人の間に、

「外ではいまごろシャンパン飲んでるのかな」

「そうだな。楽しみにしていろ」

といった会話があり、なんとペットボトルに移したワインと温めたケンタッキーフライドチキンの差し入れがあったという。

この受刑者Aが刑務官Bを脅した事実はなく、むしろ看守側が進んでそれに手を染めスリルを楽しんでいる節が見られ、Aは他の受刑者に知られないように気をつけていたほどだった。

もうひとつのルートは、一階正担当のC。関西出身の懲役に廃棄雑誌を好意で見せたことを「上司にバラす」と脅され、これに数人の仲間も加わって、酒、煙草、菓子から携帯電話にまで要求がエスカレートしていったとされる。

この一階正担当Cから、まだ騒動になる以前の早い時点で、

「いや、実は四人の懲役に無茶な要求をされて困ってる。これも身から出たサビ、自業自得なんだけど、少しばかり度が過ぎてきてるんだ。どうか彼らを抑えてもらいたい。これを頼めるのはあんたしかいない」

と懇願されていたのが、川口であった。

話を聞いた川口は、あまりのことに開いた口が塞がらなかった。官の杜撰さ、上の者のいい加減さに、いまさらながら呆れる思いがした。

「わかりました。なんとかやってみます。けど、そこまで事が大きくなる前にどうにかなったんと違いまっか」

と、そのC正担当が気の毒になった。聞けば、Cは脅された当初から精神科に通院するほど困っていたというのだ。それを看過した幹部の責任はより重大であったろう。

C正担当から頼まれて、川口はさっそく動いた。名前の挙がった四人に対し、それ以上C正担当に無理を言わぬ旨の了解を取ったのだ。

だが、時はすでに遅すぎた。事態は大きく広がりすぎてどうにもならず、表沙汰となってしまったのだった。

不祥事の発覚後、管区の調べに対し、C正担当は事態の収拾を川口に依頼したことまで供述した。川口は幹部から、管区へ提出する報告書作りの聴取を受ける際、

「幹部の責任は大きく、現場職員を懲戒するならそれ以上の処分を幹部が負うべきだ――との私の意見を取りあげなければ応じない」

と言い張った。

それが認められての聴取となったのだが、それこそ川口の「ノーブレス・オブリュージュ」（高位に伴う責任）、仏教語の「止持作犯」という信念に基づくものだった。

幹部は川口の言い分を渋々認めながらも、

「まったく職員が受刑者に頼るとは、官として恥ずべきことだ」

と嘆くことしきりだった。

横行する看守の暴力

不祥事が発生してからというもの、宮城刑務所内でにわかに強まってきたのが、官による締めつけであった。受刑者に対する看守の暴力行為も行なわれるようになった。

その暴力事件が起きたのは、平成一七年七月七日夕方、独居房が並ぶ五舎二階廊下でのことだった。事件の発生時刻は午後四時四五分ごろ、受刑者たちが工場での刑務作業から舎房に戻って間もないころであった。

事件の一部始終を目撃したのは、稲川会直系である髙田組組長（現在は髙田一家総長）の髙田燿山という夜間独居の受刑者だった。髙田は抗争事件に絡む銃刀法違反などで懲役一一年の刑で収監されていた。

そのとき、警備隊の副隊長（警備主任）の肩書を持つ看守が、高田の隣りの九室を訪れたのは、同室の受刑者Dの室内作業の材料を搬出するためだった。

扉を開けた看守に、Dが、

「〇〇頼んます」

と何事かを依頼したのが始まりであった。

すると、それを聞いた看守がやにわに怒り出し、

「うるさい！　何を言っているんだ」

と声を荒げた。関西出身のDが、

「そんな言いかたおまへんがな」

弱々しく抗議の声をあげると、いきなり看守は九室前の廊下にいたDに飛びかかり、その襟首を摑んで床に叩きつけた。さらに倒れているDに対し、容赦なくその脇腹を二、三発蹴りあげた。

「ううっ」苦しそうに呻きながら、Dは、

「ワシが何でこんなことされるんや」

と疑問を口にすると、看守はなお怒りをエスカレートさせ、

「懲役のくせに何言ってるんだ！」

と罵倒し、今度はDの頭を自分の右脇の下に右腕で挟みこみ、ちょうどプロレス技のヘッドロックのようにその首を締めつけだした。

「苦しいからやめてくれ！」

Dの悲鳴は五舎の二階中に響きわたり、舎房にいた全員が耳にした。

やがて大勢の警備隊が駆けつけ、Dは後ろ手に手錠をかけられ、連行されていったのだ。

この看守の暴行事件を隣室から目のあたりにした高田は、唖然として声もなかった。次いで看守のあまりの仕打ちに、沸々と怒りが沸いてきた。

〈ひどいな……何てことをしやがるんだ……許せん！〉

任侠道と左翼過激派

高田はその思いを、夕食の時間、お茶を配りに来た配食夫の受刑者仲間にぶつけた。

「ひどいよ、一方的だよ」

と窓越しに話しかけたのだ。もとよりその受刑者も同じ五舎二階の住人で、事件の悲鳴は耳にしていた。

彼は高田の盟友ともいえる服役囚で、名を鎌田俊彦といった。昭和四六年、警察署や交番を標的に、連続して〝爆弾闘争〟を実行した「黒ヘルグループ」のリーダーと目された人物だった。

同年一二月二四日の晩、東京・新宿の追分派出所にクリスマスツリーに偽装した爆弾を設置、爆破によって警官一人が重傷、通行人六人が重軽傷を負った。鎌田はその主犯として指名手配され八年余の逃亡の後、昭和五五年三月に逮捕された。平成三年三月、最高裁で無期懲役刑が確定、同年五月から宮城刑務所に服役中の身であった。

高田は同じ工場へ配役されたことで鎌田と出会ったのである。

紹介してくれる者があって、鎌田と初対面の挨拶を交わした高田は、

〈何だ、この人は……禅僧のような顔をしてるな〉

と強烈な印象を持った。年齢は鎌田のほうが高田より二つ上だった。

二人はすぐに互いの正体を知ることになるが、立場を越えて親しくなり、肝胆相照らす仲となった。

そんな二人が端なくも看守暴行事件の現場にいあわせ、髙田はそれを目のあたりにし、鎌田は被害者の悲鳴を聞くことになったのだ。

配食夫の鎌田に、髙田が、

「ひどいよ、一方的だよ」

と言った途端、

「余計なことを喋るな！」

と威圧的な声が飛んできた。髙田が声の主を見ると、件の暴行看守が鎌田の横に立っていた。

〈なるほど、このヤローは典型的なサディストの人相をしてやがる〉

と思いつつ、髙田が看守の顔を眺めていると、

「連行！」

と相手の声。次いで後ろを向くや、

「非常ベル！」

と叫んだ。

これには鎌田も呆れかえり、

「『非常』はないでしょう」

と異を唱えると、看守は鎌田を睨みつけ、やおらその配食用白衣の襟首を右手で摑んで頭を下げさせた。さらに鎌田の右腕を捻りあげ、

「このヤロー！　抗弁しやがって。……おまえも連行だ！」

などと怒鳴りながら、その躰を押さえつけた。

それを見た髙田は、いよいよ怒り心頭に発した。

〈こいつだけは許せんな！〉

そこへドタドタと足音を響かせて駆けつけてきたのが、非常ベルで召集された大勢の職員だった。

高田と鎌田はともども拘束連行された。

高田はこの看守の理不尽な暴行事件を黙って見逃すことができなかった。

その決意を、手紙にこう書いた――。

《私自身、仮初《かりそめ》にも任侠を標榜してきた者として、本件を看過することは矜持に悖ることと位置付け、再度、弱者が暴力を振るわれることの無きようとの願いから本件実行者である警備副隊長を刑事告発して世論に問いたいのである》

官との闘争を決意した高田に対し、真っ先に共闘を申しいれてきた服役囚がいた。同じ五舎二階に収容されていた川口和秀だった。

川口から高田への伝言は、

《一緒に闘います。何でもしますから遠慮なく言ってください》

というものだった。いわゆる刑務所の隠語でいう〝ハト〟（不正連絡）で、掃除夫に託して手紙をくれたのだ。

この川口の共闘の申し出が、高田にはどれだけありがたかったかわからない。

〈あの人らしいな……けど、迷惑をかけるわけにはいかない。これはまず当事者となったオレと鎌田さんの問題だ〉

高田は川口の端正な、人を射抜くような双眸を思い浮かべながら、

《鎌田さんと二人で闘います。何かあったときにはお願いします》

との返事を書いた。

高田にとって、警備副隊長の肩書きを持つあの看守だけは決して許せなかった。そのためにたとえ自分の刑期が延びるようなことになったとしても構わなかった。それは任侠人の誇りにかけてもやらなければならないことだった。

そのことを誰よりわかってくれるのも、川口であったろう。

〈川口会長という人も、つくづく因果な性分の人だなあ。あんなにも長い間、冤罪事件を闘ってる最中なのに、いつだって自分のことより他人のことで身を削って官と闘ってる。できないことだ……〉

高田は、夜間独居であるいまの五舎二階へ転房してきたばかりのころを思い出していた。

転房してすぐの夕食時、配食夫の鎌田を通して、

《室内で使う雑巾・布巾・食器を洗うスポンジなど、必要があるなら言ってください》

との言伝てを届けてくれたのが、川口であった。

高田の舎房は五舎二階一〇室。室に向かって右隣りには連続企業爆破事件を起こした『東アジア反日武装戦線「さそり」』の極左闘士、その隣りには、かつて山口組との間で血で血を洗う大抗争を繰り広げた一和会ヒットマン、そのまた隣りの住人が川口だった。

高田は川口に対して、「キャッツアイ事件」という冤罪を長い間闘い続け、『獄同塾通信』という小冊子を主宰している人という認識しかなかった。工場で若い人が「塾長」と呼んで畏敬している様子を見て、はて、いったいどんな人物なのだろうとの興味は尽きなかった。実際にその姿を見ても、小柄な体軀ながら背筋をピンと伸ばし、目元涼しく、紛れもなく凛としたオーラを放っていた。

年齢こそ自分より少々年少であろうことは察しられたが、その独特のたたずまいから、高田は、

〈ははーん、この人もきっと座禅をやっているに違いない〉

と、なんとなく想像していた。

こうして二人は仕事が休みの土、日、祭日のたびに〝ハト〟を交わしあうことになるのだが、互いに読んだ本の感想などを書いていると、高田の直感は確かなものに変わった。川口の手紙には座禅をやっている者だけがわかる禅臭がさりげなく文章に漂っているのだ。

《その日、何を書いたのかは覚えてはいないが、川口氏からの返事は、

「禅は座ってみれば、解ります」

その一文により川口氏の心の境涯がわかり、地獄の釜の底まで下りて、鉄板一枚下は業火しかないのを知っている人物であると思った》

と高田が記すのは後のことだが、冤罪と闘う川口の姿を当時、こう歌にしたものだ。

うがてども鋼の立たぬ岩でさえ
　草木の根の張るときも来るらむ

監獄人権センター

警備隊副隊長であり、警備主任の肩書きも併せ持つその看守の受刑者への暴行は、高田が目撃した一件だけではなかった。「典型的なサディストの人相」と高田が見抜いた通り、その警備主任は他に何人もの服役囚に一方的な暴行を働いていた。

主任からひどい暴行を受けたとして、I、N、Mというぃずれも三十代の三人の受刑者が、

「なんとかならないものですか。助けてほしい」

と川口に頼ってきたのは、高田・鎌田事件とほぼ時を同じくしていた。

I服役囚への暴行事件は、高田の一件の二カ月前、五月九日の朝、工場出役時に起きた。

ささいなことから他の受刑者とトラブルになったIは、腹立ちのあまり、舎房の扉を蹴ってしまう。間もなく刑務官十数人が駆けつけてきて連行される破目になるのだが、その間、Iは終始、抵抗するような態度は見せなかった。連行される際もおとなしく歩いていたので、職員に腕を抱えられることもなかった。

ところが、そんなIに、件の警備主任が襲いかかり、いきなりヘッドロックをかけたうえで、廊下の床に頭から叩きつけた。たまらず脳震盪を起こして倒れたIは、そのまま職員たちに担ぎあげられ保護房へとぶちこまれた。

Iは偏頭痛とムチ打ち症にさいなまれたが、一週間放置され、レントゲン検査の結果、医務部長から、

「首の骨が歪んでいる」

と診断された。

N服役囚への暴行は、Iの事件の一週間後、懲罰中の出来事だった。

Nが軽塀禁罰で入っていた独居房で、不正所持の私本を読んでいたところを、かの警備主任に見つかってしまうのだ。

「部屋から出ろ」

と命じられ素直に従うと、Nは無抵抗のままやおら胸ぐらを掴まれ、柔道の払い腰で思いきり投げ飛ばされた。背中、脇腹、腰をしたたかに打った。

レントゲン撮影は強打した部分の腫れが引いた八日後に行なわれ、医務部から、

「骨折か少なくともヒビが入っている」

と診断され、カルテには「全治一カ月」と記載された。

M服役囚が暴行を受けたのも、Nと同じ五月一六日であった。

当日は舎内の理髪日だったので、Mが午後一時半ごろ、許可を得て髭を剃り帰房しようとすると、警備隊の職員から散髪も勧められた。

「いや、いま、理由があって切らない」

と、Mが断り、引きあげようとしたところ、

「止まれ!」

と言って突然首に摑みかかってきたのが、警備主任であった。

驚いたMは無抵抗のまま自分から崩れるように倒れ、

「オレは何もしていない!」

と叫んだが、直後、強力なヘッドロックをかけられ、意識を失った。その間、四、五分間。

その後、一五人ほどの職員に保護房へ連行され、さらに別の房に移動させられた際、少し人数の増えた彼らから、暴行を加えられた。胸にできた青痣は蹴りによるものだった。

いずれのケースも、ヘッドロックを得意とする件の警備主任が関わっていた。

「そらなんぼなんでもひどすぎるで」

警備主任から暴行を受けたという三人の服役囚から相談されて、その実態を知った川口は、怒りを隠せなかった。

川口は三人に対し、東京・神田小川町にあるNPO法人「監獄人権センター」へ、事件のあらましを手紙に書いて出すことを勧めた。そのうえで、同センター副代表で明治大学名誉教授でもある弁護士の菊田幸一に、彼らの支援を依頼し、面会の段どりから費用まで、すべて自分が引き受けた。

三人はさっそくそれを実行に移し、同センターへ手紙を出した。

三人の手紙を読んだ菊田弁護士も、事態を重く受けとめ、彼らと何度か手紙の遣りとりを交わした後で、宮城刑務所を訪れた。菊田は三人と接見し、直接事情を聴いてさらに問題の深刻なことを確信するに至った。

看守から暴行を受けたときの状況が三人ともよく似ていることもわかり、カルテや診断書、レントゲン写真がその重要な証拠となった。

だが、下手すると、それらが刑務所側に改竄されたり、隠蔽工作される可能性もあった。それを防ぐために、菊田たちは即刻手を打つ必要が出てきた。そこで八月八日付で、仙台地裁に証拠保全の申し立てを行なったのだ。

こうして証拠を確保し、準備も万端整って、一二月二〇日、三人の受刑者は国に対して計二四〇〇万円の損害賠償を求め、東京地裁に提訴したのだった。

獄死者

そんな最中、宮城刑務所では、看守の暴行によるものとされる、さらに重大な疑惑事件が起きていた。

七月五日付の新聞に、《宮城刑務所内で窒息死、受刑者、自殺か》との見出しで、こんな記事が掲載された――。

《宮城刑務所で受刑者が窒息死していたことが4日、わかった。同刑務所によると、2日午後0時ごろ、50歳代の男性受刑者が独居房内で布団を頭までかぶった状態で心肺停止状態になっているのを看守が発見した。遺書はなく、口の中には丸められたちり紙が数箇詰めこまれていた。司法解剖の結果、死因は異物による気道閉塞の窒息死で、自殺を図ったとみられる》

この新聞報道によって、服役囚Tの死は所内の他の受刑者たちにも知られるところとなったが、その自殺を疑問視する者は多かった。Tは自殺するようなタイプではなく、記事にも自殺の理由がまったく触れられていなかったからだ。

自殺したとされるTは、看守から酒や煙草を供与された事件に関与しており、例の警備主任から目をつけられていたという。そのため看守から何かと嫌がらせされたり、暴行を受けていたという噂も伝わっていた。

実はこの一件に関しても、川口は、遺体が発見されたその日のうちに、Tと同じ四舎二階の受刑者から、

「会長、あれは自殺じゃないですよ。間違いなく殺されたんですわ。なんとかなりませんか」

と相談を受けていた。

川口は、刑務所の隠語で〝ハト〟といわれる不正連絡によって、自殺とされるT服役囚が、看守による暴行死の疑いがきわめて濃厚であることを知った。Tと同じ四舎二階の受刑者dが、川口に手紙（隠語で〝ガテ〟という）をくれたのだ。

それによると、Tの死体が発見された前日の夜中、四舎二階の数人の受刑者が、看守がTを房から廊下に引っ張り出して暴行しているような物音や看守の怒鳴り声、Tの悲鳴を聞いたというのだ。

それを〝自殺〟と処理して暴行死の事実を揉み消そうとする官に対し、dは義憤を覚え、

「なんとか真実を明るみにできないものか」

と川口に相談し、助力を求めてきたのだった。

それでなくても、看守の受刑者への暴行は、このところ所内で日常化しており、川口も暴行を受けたという三人の受刑者仲間の支援のために尽力している最中であったから、同様に看過できなかった。

まして殺人となれば、なおさら由々しき問題で、そのまま済ませられることではなく、官を断固糾弾しなければならなかった。

真相究明のために川口はすぐに行動に移し、外の支援者に事の顚末を記した手紙を書いて、調査してくれるように頼んだ。もとよりそのまま書いたのでは官の検閲にひっかかるので、暗号文を駆使した。

そのうえで、再びＮＰＯ法人「監獄人権センター」副代表の菊田幸一弁護士に乗りだしてもらうことにした。

菊田は、川口の手紙を受けとった支援者らの協力を得て情報を集めたうえで、宮城刑務所を訪れ、自殺したとされるＴ服役囚と同じ四舎二階の近隣房の受刑者Ｑと面会、話を聞いた。

ＱはＴの二つ先の房に入っていた五十代の受刑者で、官の報復も充分ありうるなか、命を賭けて菊田に証言してくれたのだった。

それによれば、Ｔは看守による受刑者への酒、煙草供与事件の当事者でもあったので、例の警備主任にはかねて睨まれていたという。

Ｔの死体が発見されたのは七月三日正午ごろだが、Ｑはその前夜、看守の怒鳴り声や暴行しているような物音、Ｔの「助けてくれ！」という悲鳴を聞いていた。

三日の朝の食事にも、Ｔの房に異変を感じたＱは、担当に、

「様子がおかしいから見てくれ」

と申し出たが、担当は、

「うるさい！　黙ってろ！」

と一喝するだけで、頭まで布団を被って寝ている状態のＴに対しても、普通なら怒鳴りつけるとこ

ろを点検もしないで、

「寝ているから放っておけ」

とずっと放置したままだった。

看守たちが騒ぎだしたのは正午近くなってからで、発見者は当直、Tの遺体を房から運びだしたのは第三統括以下四人であった。

死の前日、QはTと、

「また月曜日（事件翌日）から頑張りましょう」

と明るく言葉を交わしており、とても自殺は考えられないという。

何から何まで疑惑だらけであった。

菊田弁護士に証言したQは、看守から、

「おまえらの一人や二人、いつでも殺せるんだからな」

と言われたこともあって、あえてTの二の舞いとなるのも辞さない覚悟で語ったものであった。

もう一つの戦い

川口が、このT服役囚の〝自殺〟事件の真相究明を求めて、徹底的に官と対峙する姿勢を見せたのも当然のことだった。
川口が相談を受けて支援に動いた三人の同僚受刑者の損害賠償請求訴訟にしても、この死亡事件を視野に入れてのもので、その訴状にも、
《原告らが本件を提訴した大きな目的の一つは、自分たちの傷害事件の真相を究明することが、この同僚受刑者の死亡事件の真相究明につながるのではないかという思いである》

と記されていた。

だが、このI、N、Mという三人の受刑者、必ずしも足並みが揃っていたわけではなかった。というより、関係者への官の巧みな切り崩しが効を奏し、Nが途中で提訴を取り下げる旨を代理人の菊田弁護士に通告してきたのだ。取り下げ理由は、渡世上の親分であり、戸籍上も養父となっていた人物から牽制され、圧力をかけられたとのことだった。その養父も宮城刑務所に服役中であった。

Nの提訴取り下げが何より痛手だったのは、看守から最も手ひどい暴行を受けていたのがNで、その有力証拠としてレントゲン写真も残っていたからだ。三人連名提訴のなかで、Nの取り下げによっては敗訴も危惧された。

そこで弁護士が宮城刑務所へ赴いてNの養父と面会し、その取り下げを思いとどまるよう、説得に当たることになった。

だが、弁護士はなんとか養父を翻意させたいとの気持ちが逸りすぎたのか、熱心さのあまりか、つい相手の立場も忘れて、

「男を売る稼業の人がそんなことでいいんですか。あんた、それで出てきてヤクザやれるんですか！」

と、口を辷らせてしまう。

養父は激高して立ちあがり、

「このヤローー！　てめえ、出たら殺してやる！」

とアクリル板を叩いて弁護士を脅したのだ。

これには弁護士も困りはて、すぐその後で面会した川口に、顚末を訴えた。

「そら、難儀でんなあ」

川口はただちに養父にハトを飛ばし、弁護士への脅しとNの提訴取り下げを止めてくれるよう手紙を書いた。

間もなくして養父からも川口に返事が来て、了解したとの旨が書かれていた。

川口が再びNの養父に〝ヤミガテ〟を書いたのは、訴訟遂行の念押しと別の件があってのことだった。

川口はその手紙を、通称〝岡持ち〟といわれる箱に忍びこませた。工場へ持ちこむ本などを入れる箱のことで、出役前、係の受刑者がそれを持って各房をまわって品物を集めるのだった。その日、〝岡持ち〟係が、川口からそれを受けとって房を出たと思いきや、廊下の端から看守が飛んできた。

看守は、

「箱、開けろ」

と命じ、係の受刑者に〝岡持ち〟の中身を取りださせた。

「これは何だ?」

看守が得々と手に掲げて示したのは、いま入れたばかりの川口の手紙であった。

その不正連絡の手紙は押収され、川口は駆けつけた警備隊によって処遇本部に連行されて取調べを受け、二五日間の軽塀禁罰に付されることになる。

言葉の通じない生き地獄

懲罰房暮らしで川口が往生したのは、降雨や曇天の日であった。

晴天日であれば、いくら宮城刑務所では受罰中に房内照明がすべて切られるといっても、全体に明るいのでラムゼイ・ハント症候群の後遺症が出ることはなかった。それが降雨・曇天日となると、室内は暗くなって絶不調に陥り、不整脈、吐き気、頭痛、脱力感、鼻血などの症状が出てくるのだった。

川口がその都度申告すると、当直長、区長、係長、担当たちは点灯してくれたが、件の警備主任には点灯を現認不許可とされた。

「受罰中の心得」という指導冊子には、

《二八条三項　軽塀禁罰執行中は始業時から終業時までは原則として晴天時は居房の電灯を消灯する。ただし、雨や雪の場合、あるいは曇天により室内が暗くなったときは点灯するので承知しておくこと》

と明記されているにも拘らず、点灯を許可せず川口に苦痛を与え続けた男が、一連の看守暴行事件の主役ともいえるあの警備主任であった。

このことは、当の主任に暴行を受けた三人の受刑者を川口が支援し、不正手紙を書いてまでNの養父に訴訟遂行を依頼したことに対する意趣返しであるのは明らかだった。

川口はこの警備主任とは早くから因縁があった。宮城刑務所へ入所してまだ間もない時期のことだった――。

川口が入った独居は湿気が多く、雑巾を定位置に吊しても何日も乾かなかった。そのため入所以来、掃除のたびに職員に申し出て、鉄格子に干すのを許可されてきた。

その日も、若い職員の許可を得て干したところ、三〇分もしないうちに当職員が、

「定位置に戻せ」

と川口に指示してきた。

「先ほどあなたの許可を得たばかりと違いますのか」

川口が不思議そうに問うと、若い職員はもじもじしだし、ちらちらと横を向いたり落ち着かない様

子になった。誰かいるのか――と、川口が不審に思っていると、

「バカ者、連行ベルだ！　連行せよ！」

と若い職員に怒鳴る声が聞こえてきた。

たちまち二〇人近い警備隊員が駆けつけてきて、川口は連行された。が、処遇本部で川口が縷々当直長に事の経緯を説明した結果、「不問」となり帰房が許された。事情聴取した当の若い職員の説明とも合致したからであったろう。

逆にそのとき、川口が当直長に問いかけたのは、

「『言葉があって言葉が通じるのがこの世』だが、『言葉があって言葉が通じないのがこの世の地獄』であり、『言葉がなくても通じるのがこの世の極楽』というものです。宮城刑を言葉の通じない地獄にするんでっか？」

という訴えだった。

この騒動の際、隠れて若い職員を使嗾《しそう》していた男こそ例の警備主任で、まさに渦中の人物は最初から卑劣極まりない官として川口の前に登場してきたのだった。

結局、この警備主任に狙いを絞った受刑者三人の損害賠償請求訴訟は、平成二一年四月、国側に四三万円の支払いを命じる原告勝訴判決が出た。被告側が控訴したが、同年一〇月の控訴審においても原告の勝訴に終わった。

不正連絡の手紙が官に発覚して押収され、懲罰二五日を受けた川口は、解罰後、他の受刑者を扇動しかねない宮城刑務所の〝反権力思想の危険分子〟とでも見なされたのか、日を置かずして府中刑務所への移送が決まった。

府中刑務所へ

平成一八年九月二一日、川口は宮城刑務所から新幹線で府中刑務所へ押送されたのだった。

川口は府中刑務所では厳正独居という隔離処分扱いで、工場への出役を許されず、昼も夜も他の受刑者との接触は一切できなかった。食事も受刑者の配食夫ではなく、看守が運んだ。

面会にしても、他組織の組関係者はもとより、二代目清勇会の身内さえできなくなった。カタギとの面会であっても、勤務先の会社の登記簿の提出や、事前に面会内容を所長へ宛て提出し許可を得なければならないなど厳しい条件が付された。作家の宮崎学も、府中刑務所へ川口の面会に訪れて、施設側に拒否されたほどだった。

これほど刑務所側から〝危険人物〟扱いされた受刑者が川口で、官は隙あらば川口を懲罰に科そうと待ち構え、いわゆる関西でいう〝イヤキチ〟(嫌がらせ)さえ仕掛けてきた。

まだ府中刑務所へ入所して間もない時期、川口は医務部長に呼びだされ、前日に許可されたはずのマスク使用が、不許可と告知されたのも、その一例であった。

「何を言うてんのや。先生、マスクの使用はあんたが昨日、許可したんでっせ。現実に府中でもマスクしとる者おるんやないかい!」

憤然と抗議する川口に、医務部長は身を竦ませ、物も言えなくなった。

「ワシの顔見て言うてくれや、先生、ワシがラムゼイ・ハント症に罹ったんは、花粉症が重症化したのがきっかけと違うんか。せやから医療上、お願いしとるんやで」

「……………」

「それをあんたが了解して医師の良心のもとに許可してくれたんと違うんか」

「いや、ここは刑務所だからね」

「そんなん関係ない。あんたが許可したんやないか！」

このとき、川口が怒りに任せて医務部長の胸倉を摑んだり、思わず手が出てしまったのでは、相手側の思う壺であった。それをいまや遅しと裏で手ぐすね引いて待ち構えていたのが警備隊長たちで、明らかに処遇本部介入によるマスク使用不許可だった。

が、川口にしても、長い獄中経験でそんなことは百も承知であったから、彼らの手には乗らずに自分を抑えることができたが、かように官との闘いは最後まで絶え間なかった。

我慢し耐えることばかりの獄中にあって、川口が癒されたのは、四季折々の自然や小動物であった。ネズミやハト、ヒヨドリ、スズメ、ウグイスといった小鳥たちの姿はとても可愛く、鉄格子の窓からでも充分川口の目を楽しませてくれたものだ。

宮城刑務所ではトビがハトくらいの大きさの鳥をバリバリ食べる光景を見たり、また府中刑務所では裏窓から観察できたドブネズミやクマネズミが、大猫の出現でいつのまにかいなくなったのを目のあたりにして、なるほどまさに食うか食われるかという自然界の実態を実感できたのも長い獄中体験があってのことだった。

宮城刑務所時代、川口が不正連絡の科で懲罰房にいたとき、食事時間になると、決まって裏窓に猫の親子が現われるのには、川口もつい顔が綻び、心和ませられたものだった。ある日、その猫の親子をバタバタと追いまわし始めた看守がいた。

処遇上の副担当で、川口がその様子を裏窓から見ていると、その後、彼はとんでもない行動に打って出た。監視カメラ近くの城跡の枯れ井戸の入口に大きな石を置き、井戸を塞いでしまったのだ。

その井戸こそ、子猫が産まれ、親子猫が塒《ねぐら》としていた場所で、つまり副担当は猫の親子を生き埋めにしようとしているのだった。

これにはさすがに川口も、

「こらっ！　おどれは何ちゅうことさらすねん！　それやったら親子とも死んでまうやないか。猫を殺すつもりか?!」

と怒鳴りつけて抗議し、石を取り除かせたのだが、看守のなかには下劣な者がいることを、川口は改めて知る思いがした。

川口は宮城刑務所に服役中の時分、シャバにいたときと同じ六十三、四キロの体重を維持していたのに、府中刑務所へ入所してからというもの瘦せ続けた。

入所三年でおよそ一一キロほど瘦せて五二キロにまで落ちたのは、病気のせいではなかった。身体的にどこも悪い箇所はないのに瘦せ細っていったのは、ひとえに府中刑務所の食事のカロリー不足のせいだった。

独居処遇者とあって、食事の量も少なく、生きていくうえで最低限の一八〇〇キロカロリーしか摂取できなかったのだ。だが、川口の場合、舎房内で行なう袋貼り作業を人の倍もこなしたから、カロリー不足は躰に応えた。いつか瘦せない程度に栄養補給したいというのが、切実な願いとなった。

それが叶って、川口の体重が五五キロ台にまで回復したのは、支援者の尽力もあって、医療補助食品のエンシュア・リキッド（バナナ味二五〇ミリリットル・二五〇キロカロリー）を毎夕一缶飲めるようになってからのことだった。エンシュア効果というもので、やはりカロリー不足による体重減であったのは間違いなかった。

かつて死線を彷徨うほどの大病を二度患い、その後もラムゼイ・ハント症候群の後遺症や結石、腰痛、拒食などで体調を崩して闘病生活が続いたが、徐々に健康を回復し、このころになると、川口は以前にも増して心身を鍛え始めた。

禅に目覚める

川口の出所日は、平成二二年一二月一七日――残刑はあとわずか二年ほどに過ぎなかった。出所はいまや目前に迫っていた。

思えばここまで二〇年にも及ぶ川口の獄中生活を支えてきたのは、不条理とは徹底的に闘わなければならないという強い信念とともに、

〈ワシの帰りをシャバでずっと待っていてくれる者たちがおる。その者たちのためにも、ワシは何はさておき、心身ともに無事で健康を保ってここを出なならんのや〉

という己への固い誓いであった。

三〇分の運動時間も川口には時間が足りなかったが、シャドー縄跳び、拳の腕立て伏せ、背筋・腹筋を鍛え、走りまくってみっちり汗を流した。

拳腕立て伏せは当初一〇〇回が限度だったが、日々鍛練し、六〇〇回まで可能となり、最後は一〇〇〇回までできるようになった。同様に腹筋も常時三〇〇回できるまでになって、出所を前にして鋼のような肉体ができあがった。

背筋・腹筋は腰痛予防、シャドー縄跳びは結石降下、骨の強化、筋強化と一石三鳥の効果があったのだった。

入獄以来、川口が続けてきたのは、入浴の出浴時に頭から冷水を浴びること、朝、昼、夜、鼻の穴左右に水を通すこと、目覚めとともに五〇〇ミリリットルほどの茶か水分を摂ること、一日二リットル以上の水分を摂ること――だった。

禅にも取り組み、写経も始めた。川口にすれば、座禅の結跏趺坐《けっかふざ》の姿勢も最初は窮屈なだけ、我流

で始めた写経にしても何もかも初体験で筆の持ちかたもわからず苦痛を覚える日々が続いた。それが二年三年と続けるうちに川口なりに何かを修得・体得できたのか、心の持ちようも大きく変わっていったのだ。

川口はひたすら読書にも打ちこんだ。ジャンルを問わない乱読で、中国の古典や仏教、哲学、歴史、科学書から小説、ノンフィクションまで手あたり次第に読んだ。中学校へもろくに行かなかった分、獄舎を学び舎《や》として貪欲に何かを学ぼうとしたのだ。

そんな読書体験を通して川口にとって印象深かった本は、A・J・クローニンの『地の果てまで』、正延哲士『最後の博徒』、松下竜一『怒りて言う、逃亡にはあらず』、原田信夫『アガダ　パリ刑務所の日本人』、佐野眞一『巨怪伝』、角田四郎『疑惑JAL123便墜落事故』、松橋忠光『わが罪はつねにわが前にあり』、鍬本実敏『警視庁刑事』、宮尾富美子『朱夏』、浅田次郎『きんぴか』、天児直美『炎の燃えつきる時　江馬修の生涯』、福岡正信『わら一本の革命』、戸川幸夫『高安犬物語』、黒岩重吾『さらば星座』などだった。

まさに獄中という逆境で、仏教で言う「随所に主と作《な》れば立処皆真なり」（自分の置かれている環境で精一杯つとめるなら、自然と楽しみも感じて真の生き甲斐も生まれる）との極意を摑んだ男が、川口であった。

平成元年一月二二日、大阪府警によって不当逮捕され身柄を拘束されたときには、まさかこれほど長い獄中暮らしになるとは夢にも思わなかった川口だが、その際、

「留守を頼んだぞ」

とあとを託した相手が、二代目清勇会会長代行の呉本幸造であった。

「よっしゃ、任しときっ！」

と胸を叩いた呉本にしても、よもやそれが二〇年を越す歳月になろうとは、想像することさえできなかった。

川口との約束を果たすべく、呉本はすべてを抛《なげう》って、二代目清勇会の田中明彦若頭、今井進本部長らとともに一丸となって事務所の明かりを灯し続けることになる。

ところが、川口の獄中生活が一五年目を迎えた平成一五年、呉本にも最悪の事態が待っていた。医者から癌を告知され、「余命三カ月」「すでに手遅れ」と宣言されたのだ。

普通の者ならそれで万事休す、もはや他人のことに関わっている場合ではないというのが本当のところだろう。

だが、呉本は違った。

「それやったら会長との約束を果たせんことになってまうやないか。そないな裏切りはようでけん」

との一念だけしかなかった。それが天に通じたのか、癌はその後、先進の治療を得て跡方もなく消え去り、完治してしまったのだ。

シャバでの出会いはわずか一年足らずなのに、男の約束の重さ、岩をも貫くような信念が奇跡を呼び起こしたとしか言いようがなかった。

川口の無実を晴らすべく、一審から最高裁まで一三年に亘って行なわれた裁判闘争においても、二代目清勇会は皆がスクラムを組んで全力で闘ってきた。

キャッツアイ事件で逮捕、起訴され、七年の懲役刑をつとめた本部長の今井進も、社会復帰後は全身全霊をこめて川口の法廷闘争に取り組んだ一人だった。

毎月開催されていた弁護団会議に対しても、その会場の予約やセッティングから公判へ出廷する各弁護士たちの交通手段や宿泊の手配、鞄持ちまで、すべてを取り仕切っていたのが今井であった。

今井は弁護士の鞄を持つ際にも、両手だけでは間にあわず、両方の肩から襷掛けして、さらには背負いこんで走りまわっていたので、事情を知らない者からは、
「何や、今井はヤクザ辞めて弁護士の弟子にでもなったんか」
と思われても仕方がないような光景だった。
今井は川口との面会も担当、一年に三〇〇日前後、神戸・大阪拘置所に日参し、宮城刑務所へ移送されるまでこれを続けた。雨や嵐の日どころか、阪神淡路大震災の当日にも駆けつけて面会を果たしたことはつとに知られている。
川口が府中刑務所へ押送されてからは、子分であっても面会は許されない状態となり、手紙だけが唯一のつながりとなった。あるとき、今井は手紙に、親分出所のときはみんなで賑やかに迎えに行きたい——と書いた。川口からの返事は、
《おまえらはみんな苦労したんやから、迎えに来るときはリヤカーでも自転車でも何でもええがな。みんなの元気な顔が見れたらそれでええ》
というものだった。

二二年目の変化

平成二二年という新しい年に替わって、川口の獄中生活もついに二二年目を迎えることになった。いよいよ今年一二月一七日、満期出所の日が目前に迫っていた。

府中刑務所でのつとめも五年目、九月が来れば丸四年であった。府中刑務所で二〇年ほど前から始まった建て替え工事も、前年三月末ですべて完了していた。川口の居棟である東五舎の裏庭から一メートル先にあった高さ四メートルの仮鉄塀も、工事完了とともに撤去された。

昼夜独居生活者の川口にとって、それは劇的な環境変化であった。視界が外塀のある六〇メートル先まで広がり、外灯が新設されたことで夜間の観庭も可能となったのだ。花鳥風月を存分に楽しむことができるようになって、心洗われる心地がした。

受刑者と接触もできず、身内を含む同業の者との面会もできない日々は孤独感が身に沁みたが、外のニュースは川口の耳目にも何かと入ってきた。

身近なところでのビッグニュースは、二月七日付を以って、東組本家若頭の滝本博司が東組二代目を継承したというそれであったろう。

東清をそのまま総長として玉座に戴いての二代目体制の発足で、おおよその人事も伝わってきた。副組長に川口、舎弟頭に西川英男、相談役に久住正玄が就き、若頭が田村順一、本部長に赤松國廣という布陣で、若頭補佐には今後の東組を担うニューリーダーの木村雄治、土方基成、中江常雄、横山定光、久住修元といったバリバリの若手五人が指名されたのだった。

その若頭補佐五人の名を知ったとき、川口はホーッという顔になって頷き、目を細めた。

〈東組は紛れもなく新しい時代を迎えたいうこっちゃなあ……ワシの獄中二二年いうんはまさしくそういうことやったんや。それだけの歳月が流れたいうことや……〉

川口は感慨深かった。

それにしても、それほどの長い時間、自分の帰りを待って、事務所の火を点し続けてくれる者たちがいるということが、川口には改めて驚きであった。弱肉強食の斯界にあって、二代目清勇会という浪花の小さな独立組織の二次団体など、二二年もトップ不在となれば、いつ他の強大な組織から食い潰されて雲散霧消しても何らおかしくなかった。

それが潰れるどころか、まわりといいつきあいをしながら、きちんと組織を存続させ、以前よりいくらかなりとも所帯を大きくさせているというのだから、奇蹟といってよかった。

〈リーダーがワシのようななまくらやからよかったんやろ。こないな男やからこそ、あいつらの奮起を促したんと違うか……〉

身内ながらようやっとると思うのだが、そのくせ川口は、いまだかつて一度も彼らの前で誉めたことはなかった。

代行の呉本幸造に対しても、面会に来て、

「帰りに便箋入れたってえや」

と頼んでも、入っていたためしがなかったので、つい本人に、

「おのれは何もしてへんがなっ」

と憎まれ口を叩いてしまうのだが、その実、細かいことは忘れても真に肝心なことは決して忘れない男、死んでも約束を違わぬ男――と、川口が誰より信頼している相手こそ、呉本であった。

また、若者のなかには、川口の座右の銘である「止持作犯」を指針に掲げて渡世に励み、川口の帰りをひたすら待っている者もいるという。そうしたことを知るにつけても、川口は彼らがいとおしく思えてならなかった。

もっとも、いくら身内の連中が頑張っていると聞いても、獄にいるうちはそれが実際に目に見えることではなかったので、川口にはいまひとつ実感が伴なわなかった。彼らがどれだけ川口の留守を守って尽力していたか、はっきりと思い知らされたのは、出所してその姿を目のあたりにしてからのことだった。

終わりなき戦い

夏が過ぎ、秋も更けゆく季節になると、川口の出所の日までいよいよカウントダウンとなった。そんななか、川口は過ぎ去った獄中二二年にじっくり思いを巡らしてみた――。

二二年もの失なわれた時間……。いや、決して無駄ではなかった。この獄中でこそ学び、得られ、目を見開かされたことはどれだけ大きかったか。それは人生の核心に触れるようなことばかりといっても過言ではなく、シャバにいたのではわからぬままに終わっていたかも知れない。無駄なものなど、何一つこの世にはないのだ。あえて無駄というなら、それと気づいただけでも有益であったということではないか。

人の縁にも恵まれた。縁というものはどんな形であれ、生かしていくことが大事なのだということも獄中で学んだような気がする。

看守のなかには、受刑者をいじめるだけが生きがいという愚劣極まりない者や権力を笠に着たワルもいたけれど、尊敬に値する立派な人がいたのも確かだった。

受刑者もまた然り。箸にも棒にもかからぬ手合いは少なくなかったが、シャバに出てからも生涯、心と心でつきあえるであろう人物との出会いもあった。

ワシの雪冤支援者として一貫して法廷闘争や、刑務所内での処遇改善や看守の暴力などに対する官との闘いをバックアップして支えてくれた女性がいた。一般の、いわゆるキャリアウーマンなのにどうしてああまで自分と関係のない他人のために骨身を削って力になろうとしてくれるのか、任俠精神の固まりのような女性で、ワシらも顔負けというもんや。

権力の前に無力でしかない己が、これだけ長い間、冤罪と闘って来られたのも、あの女性の支えがあってのことやった。心から感謝したい。

それから『獄パ』を作り続けてくれた大場知子さん。同じ泉州人やから、顔を見ればボロクソにきついことばかり言うて来たけど、ホンマによう頑張ってくれたわ。彼女がいなかったら、あれだけの年数、『獄パ』を出せるはずもなかった。

あの『獄パ』で心が癒され、救われたという獄同者も多かったし、ワシの人脈もあれのお陰で格段に拡がったんや。同じ泉州人ということで、彼女には悪態ばかりついて礼など言ったこともないけれど、やはり感謝は尽きない。

……長い獄中生活との訣別を目前にして、川口の感慨もまた尽きることはなかった。

川口は手記にもこう書いた――。

《好むと好まざるとに拘わらず、誰の人生にも幾つもの試練に直面し、ただ耐えることによって克服できるものもあれば、積極的に解決策を見付けなければならない時もあります。大きく行き詰まれば、大きければ大きいほど、道も大きく開けるもんです。

苦しんで喜ぶか

苦しまず喜ばず無味に安んずるか

激しく苦しんで強く喜ぶか

人々三様ですが、激しく苦しんで、強く喜べる者にこそ大きく道も開けると存じます》

だが、川口にとって、出所はあくまでひとつの関門突破というに過ぎず、冤罪との闘いが終わったことを意味するわけではなかった。

いまだ再審の扉は開かれておらず、闘いはまだこれからであった。

エピローグ

平成二二年一二月一七日午前八時三五分、川口は東京・府中刑務所を出所した。平成元年一月二二日深夜に大阪府警によって逮捕されて以来、実に二二年ぶりの社会復帰であった。

同刑務所正門前で川口を出迎えたのは、二代目東組本家若頭田村順一、同本部長赤松國廣、同二代目清勇会会長代行呉本幸造の三人で、そこから少し離れたところで待っていてくれたのは三代目俠道会会長の池澤望と画家の山本集だった。彼らの顔を見たとき、なんともいえない感慨が川口の胸奥からこみあげてきた。

その後、川口たちは文京区水道橋の東京ドームホテルに移動して、大阪から駆けつけてきた二代目東組の滝本博司組長を始めとする幹部一同、同二代目清勇会の主だった面々、あるいは四国の友人西山俊一郎らと落ちあって、感動の再会を果たした。また、『獄パ』を通して親交が生まれ、アメリカのプリズンからひと足先に出所していた極東会直参の吉村光男も、同ホテルで川口と初対面の挨拶を交わし、互いに感無量であった。

川口一行はその日のうちに新幹線で大阪へと帰り、そのまま西成区天王町の東組本家事務所へと帰還した。川口にすれば、車窓から眺める新世界の通天閣も、本家近辺の西成の街並みやそのたたずまいも昔のままで、何もかも懐しくてたまらなかった。

「ここは変わってへんなあ。そのまんまや。こら、たまらん……」

二二年ぶりの西成の光景は、川口をしばし呆然とさせた。

川口が真っ先に訪ねた先は、本家事務所近くの東清総長宅だった。出所の挨拶をする川口に、いまだ矍鑠《かくしゃく》としたカリスマ・東清はニッコリとして、

「おお御苦労さん」

とねぎらいの言葉を掛けてきた。川口はそれだけで報われる思いがした。

川口を迎えた東組の一統が一様に吃驚したのは、二二年もの幽囚生活を送り、二度も死線を彷徨うほどの大病を患い克服した身の川口の、あまりに若々しく元気な姿であった。まさに後背からオーラが放たれているようで、全身これ覇気に溢れていた。

それこそ強靭な意志と不屈の闘争心、絶えざる前向きの姿勢で獄中を闘い抜いてきた川口の証しといってよかったろう。そしてその闘いはまだ終わっていなかった。

数日後、川口は若者の運転する車で一人、瀬戸内海を渡った。目的地は徳島であった。

そこには川口が誰よりも会いたかった人が待っていた。

「親父さん、帰ってきました」

川口の挨拶に、その人は照れたように頷くと、

「ワシの生きとるうちに、また会えるとは思わなんだ。よう帰ったな。川口、まずはよかった」

と満面の笑みを湛えて言った。

川口の親分である初代清勇会会長、いまは徳島で隠居の身の東勇であった。

その笑顔こそ、ああ、オレはようやく帰ってきたんや、と川口が何より実感できる、赫奕《かくやく》たる光芒——に違いなかった。

あとがき

本書はノンフィクション・ノベルの体裁をとっており、いわゆる「キャッツアイ事件」に関わったヤクザ、捜査員、検事、その他の関係者は、川口和秀氏と一部の人を除いて仮名にしてあるが、事件や裁判に関してはすべて事実に基づいている。

ともあれ、どうすればこんなひどいでっちあげがまかり通るのか。警察・検察の捜査や取調べは、相手がヤクザであれば、どんなことでも許されるのか。

この事件から浮かびあがってくるのは、ヤクザであること自体が犯罪なのか――としか言いようのない構図であろう。

事の発端は昭和六〇（一九八五）年九月二三日夜、兵庫県尼崎市のスナック「ラウンジ・キャッツアイ」で起きた抗争事件。東組二代目清勇会組員が山口組倉本組系組員を拳銃で狙撃して重傷を負わせ、その流れ弾で一九歳の同店ホステスを巻き添え死亡させてしまうのだ。

事件から約一年半後の昭和六二（一九八七）年三月、実行犯として元二代目清勇会組員奥乃が逮捕され、その一カ月後に犯行を指示したとして元同副会長の振柿が逮捕された。

さらに平成元（一九八九）年一月、二代目清勇会川口和秀会長が道路交通法違反、私文書偽造の容疑で逮捕される。別件逮捕であったが、その後すぐにキャッツアイ事件の殺人・殺人未遂の共謀共同正犯で逮捕されたのである。

川口氏は事件への関与を一貫して否認、事実無根の冤罪として数々の状況証拠を示し、多くの証人を立て無実を訴え続けた。

なにしろ、その事件当時、川口氏は別組織の大物親分に抗争の仲裁を依頼し、和解に向けて奔走、手打ちもほぼ決まりかけていたのだ。なのに、同じ人間がその一方で、若い衆に相手方のタマ取り（殺し）を命じていたなどという話は、ヤクザ社会ではあり得ない。

第一審判決までに実に五五回の公判が繰り返され、八年の歳月が費された。

だが、神戸地裁尼崎支部は平成八（一九九六）年二月七日、川口氏に懲役一五年を言い渡した。犯行に使用された拳銃など物的証拠は一切なく、奥乃と振柿の供述、すなわち奥乃の「犯行日の二日前の九月二一日夕、堺市内のファミリーレストランで、川口から直接、相手の殺害を指示された」との公判証言と、振柿の「川口から、奥乃に相手組員を殺害させるよう指示を受け、九月一八日夜、堺市内で川口から拳銃を受けとり、それを清勇会舎弟頭夫人を介して、奥乃に渡した」という捜査段階での自白調書だけで有罪とされたのである。

振柿は後に川口氏の裁判に証人出廷してこの供述を全面的に覆《くつがえ》したのだが、神戸地裁尼崎支部はそれを無視し、

「振柿、奥乃は、被告人の古くからの配下である。その配下の者が親分に刑事処分が及ぶような不利益な供述をするのは命がけの勇気・決断がいることだから、それ自体すでに真実性を担保する」

と判断したのだった。だが、奥乃の供述は「命がけの勇気・決断」という以上に、それによって無期懲役（求刑）を免れ、懲役一八年（確定判決）の減刑を手にすることができたことで、何より奥乃自身を救ったのである。

奥乃は逮捕される一カ月前、カタギに暴力を振るったことで川口氏から絶縁処分を受けており、元

親分に対して恨みを抱くようになっていた。その恨みを虚偽供述によって晴らそうとする気持ちも大きかったようだ。
絶縁され、もはや親分でもない人間に忠義だてする必要もさらさらなくなったわけで、その虚偽供述こそ恨みの相手を陥れ、自分も助かる一石二鳥の策であったわけだ。
それは誰にもわかる道理で、子分に体を賭けさせた（殺しに行かせた）親分が、間違ってもその者を絶縁になどするはずがあるまい。逆に言えば、川口氏は事件に関与していないからこそ、奥乃を絶縁にもできたわけである。
ともあれ、川口氏は一審判決を受けてただちに控訴したが、平成一〇（一九九八）年六月、大阪高裁はそれを棄却した。
奥乃は川口氏の上告中、さすがに良心の苛責を感じたからか、最高裁に宛て手紙を出している。
《私は長年の恨み憎しみを晴らしてやるという気持ちからありもしない事を作りあげて川口を共犯者に仕立てあげたのです》
と書き、いまでも川口氏を恨んではいるが、「ファミリーレストランで会って殺害の指示を受けた」という供述が作り話だったことを認め、
《いつまでも無実の人間をオリの中に閉じ込めることは出来ないことです……この手紙は私自身の長年ご迷惑をかけたお詫びと反省から書き私の意志で何者にも左右されていません》
ときっぱり述べている。
だが、最高裁はこの奥乃の手紙を一顧だにしなかった。平成一三（二〇〇一）年一二月、第二小法廷は川口氏の上告棄却を決定、これを受けて懲役一五年を言い渡した一、二審判決が確定。明けて平成一四（二〇〇二）年一月、九年の刑期を残して川口氏は宮城刑務所へ収容された。

川口氏は獄中から再審請求を行ない、平成一六年（二〇〇四）九月、裁判所は奥乃に対して証人尋問も行なっている。奥乃は手紙とほぼ同様の証言をしたが、神戸地裁尼崎支部はその明白性を否定し、再審請求棄却を決定した。

川口氏は即時抗告を申し立てたが、平成二二年（二〇一〇）一二月、府中刑務所を出所する直前、大阪高裁によって棄却された。

それに納得できない川口氏は、さらに最高裁に対して特別抗告を申し立てた。が、いまに至るも再審の扉は開かれていないのが実状である。

もとより川口氏はそのまま甘んじて冤罪を受けいれる気は毛頭なく、再審を求め、とことん闘う意志を見せている。

このキャッツアイ事件が勃発したとき、カタギの娘さんを巻き添え死させたことで、川口氏も激しい怒りとともに心を痛め、当初は、

「経緯はどうあれ、元子分がやったこと、無期になろうと何十年になろうと、黙って懲役に行こう」

と肚を括っていたという。

ところが、事件を担当した元刑事や複数の関係者から、はじめから川口氏に狙いを絞って、いかに捜査や取調べの過程ででっちあげが行なわれたかを知るに及んで、

「これは闘うしかない」

と決意するに至ったのだった。

逮捕から二二年間の獄中生活を終えて二年経ついまも、その不屈の闘争心に些かの揺るぎもないようだ。

最後に、この作品の執筆にあたっては、川口和秀氏を始め、東勇氏、西山俊一郎氏、故山本集氏、池澤望氏、髙田燿山氏、吉村光男氏、元兵庫県警捜査官氏、大場知子氏、田口佐智子氏ら多くのかたがたに取材させてもらい、御教示いただいた。その御協力なしには、本作も到底完成を見なかったと思う。皆様に心から感謝を申しあげたい。

平成二四年一一月

山平重樹

参考文献

川口和秀「獄中随想　我、木石にあらず」（第一部・「実話時代」一九九六年二月号～一九九七年四月号、第二部・「実話時代」一九九七年五月号～一九九八年八月号）
川口和秀「獄中エッセイ　「獄道」交差点」（「実話時代」二〇一〇年七月号～二〇一一年二月号）

＊

矢嶋慎一『キャッツアイ冤罪事件』（ナユタ出版・発行一九九七年）

＊

亀井洋志「宮城刑務所の〝闇〟看守の暴力に続々と告訴・告発の動き」（「サンデー毎日」二〇〇五年一〇月九日号）
亀井洋志「宮城刑務所の〝闇〟クリスマスにワインまで飲ませてもらった」（「サンデー毎日」二〇〇五年一〇月二三日号）
亀井洋志「不祥事続出の宮城刑務所　今度は獄中から〝看守の暴力〟告発」（「サンデー毎日」二〇〇五年一二月一八日号）
亀井洋志「警察ＯＢが語った杜撰な捜査一部始終」（「週刊金曜日」二〇一一年六月一七日号）

＊

鎌田俊彦「われに告発する用意あり　宮城刑務所２００５年５月～２００６年９月」（「そうぼう」編集部・発行）

本書は『週刊実話』二〇一一年九月八日号から二〇一二年七月一二日号に連載されました。

山平重樹（やまだいら・しげき）

一九五三年山形県生まれ。法政大学卒業後、フリーライターとして活躍、アウトローものを得意分野とする。実録小説、ノンフィクションなど多数の著作がある。主な著作に「実録神戸芸能社」「裁かれるのは我なり」（以上、双葉社）、「連邦刑務所《プリズン》から生還した男」（小社刊）「実録ヤクザ映画で学ぶ抗争史」（ちくま文庫）、などがある。

冤罪《えんざい》・キャッツアイ事《じ》件《けん》
ヤクザであることが罪《つみ》だったのか

二〇一二年十二月十日　初版第一刷発行

著　者　山平重樹（やまだいら・しげき）
装　丁　倉地亜紀子
発行者　熊沢敏之
発行所　株式会社筑摩書房
東京都台東区蔵前二―五―三　〒一一一―八七五五
振替〇〇一六〇―八―四一二三
印　刷　三松堂印刷株式会社
製　本　三松堂印刷株式会社

© Shigeki Yamadaira 2012 Printed in Japan
ISBN978-4-480-81834-8 C0036

本書をコピー、スキャニング等の方法により無許諾で複製することは法令に規定された場合を除いて禁止されています。請負業者等の第三者によるデジタル化は一切認められていませんので、ご注意ください。

乱丁・落丁本の場合は、左記あてにご送付ください。
送料小社負担でお取り替えいたします。
ご注文・お問い合わせも左記へお願いいたします。
筑摩書房サービスセンター　電話番号〇四八―六五一―〇〇五三
さいたま市北区櫛引町二―六〇四　〒三三一―八五〇七